FAIRE

François Fillon

FAIRE

Albin Michel

À Pénélope

La liberté est une rupture.

Depuis trois ans, je sillonne la France à la rencontre de ses espoirs et de ses colères, de ses joies et de ses blessures. Je le fais avec humilité et discrétion, sans cameramen à mes trousses. Au fil de mes rencontres, une vérité s'est très vite imposée : la plupart des problèmes des Français ont une solution simple et pourtant ignorée de ceux qui les gouvernent, c'est la liberté.

Les agriculteurs du Haut-Doubs ne m'ont rien demandé d'autre qu'un peu de liberté et de confiance. Ils savent que l'État est légitime pour leur fixer des objectifs de qualité, de respect de l'environnement, de sécurité sanitaire. Ils sont prêts à s'y plier, pour peu qu'on leur fasse confiance et qu'on ne réglemente pas dans le moindre détail l'exercice d'un métier qui ne peut pas se résumer aux normes établies par des experts qui seraient bien incapables de nourrir le monde.

Les médecins rencontrés en Isère ou en marge de leur grande manifestation à Paris contre la loi santé acceptent que la nation leur impose des objectifs budgétaires, mais ils refusent que des administrations et des organismes financiers leur dictent la manière de soigner leurs patients.

Les professionnels du logement que j'ai longuement écoutés ne nient pas le devoir des pouvoirs publics de leur fixer des objectifs de confort, de sécurité, de sobriété énergétique, d'accessibilité. Mais ils demandent qu'on les laisse innover et s'adapter au marché, qu'on les laisse en un mot faire leur métier.

Le directeur et les enseignants d'un centre de formation d'apprentis d'Asnières, dans les Hauts-de-Seine, demandent de la liberté pour adapter les horaires des disciplines en fonction des besoins des élèves et pour créer les formations que réclament les professionnels.

Le maire de Saint-Raphaël est soucieux de la sécurité de ses concitoyens, mais il refuse de dépenser des dizaines de milliers d'euros pour remettre aux normes selon les procédures fixées par l'État un jeu dans un parc public quand un de ses employés pourrait le faire pour dix fois moins.

À Bourgoin-Jallieu, ce sont les responsables du Médipole qui se voient refuser le regroupement des différentes pharmacies présentes sur le site.

À Thionville, les policiers municipaux ne comprennent pas qu'ils ne puissent pas interpeller un délinquant en flagrant délit sans faire appel à la police nationale qui viendra trop tard.

À Toulouse, une femme réclame la loyauté de l'État à l'égard des citoyens au lieu d'un regard toujours suspicieux.

La France n'est pas foutue ! La décadence n'est pas inéluctable. Le génie français ne s'est pas dilué dans la mondialisation. Notre pays reste l'un des plus riches du monde, notre sort est plus enviable que celui de bien des peuples malheureux sur la terre. Notre pays est grand et beau. Nos talents sont multiples et enviés hors de nos frontières. Pourquoi nous sentons-nous aussi mal ? Pourquoi avons-nous si peu confiance en nous ? Pourquoi avons-nous en permanence l'impression que les autres font mieux ?

Parce que nous ne cessons de brider notre potentiel. Parce que nous avons sécrété un système qui se méfie de l'individu et qui lui refuse la liberté et la responsabilité dont il a besoin pour développer l'activité qui lui permettrait de s'épanouir et d'être maître de sa vie. La France étouffe sous les réglementations, les interdictions, les injonctions et les prélèvements obligatoires. Les Français ne parviennent plus à supporter le poids d'un État et d'un secteur public hypertrophiés.

Non seulement cette pesanteur s'exerce péniblement sur la vie quotidienne, mais elle fait glisser notre pays en ligne droite vers le mur de sa dette, contre lequel il ne peut que se fracasser en espérant le secours humiliant de ses partenaires européens. Le moment est venu de libérer le pays et, d'un même geste, de restaurer sa souveraineté en le sevrant de sa dépendance aux marchés financiers.

L'esprit de la République doit nous guider. La République est une révolte. La République fait tomber les bastilles. Et elles doivent tomber, là où la rigidité du code du travail exclut ceux qui cherchent un travail ; là où l'excès de fiscalité décourage les talents ; là où la barrière des réglementations bloque l'innovation ; là où l'opium des déficits nous endort ; là où le nivellement par le bas noie le mérite de ceux qui n'ont, dans leurs mains, que leur audace.

Il suffit de se refuser à promettre des chimères pour que l'on vous réponde que vous n'avez que « du sang et des larmes » à offrir. On m'a souvent dit que j'avais ce langage. J'ai la plus grande admiration pour Churchill qui a prononcé cette formule, mais ce n'est pas vrai.

Travailler trois ou quatre heures de plus par semaine, ce n'est pas du sang et des larmes. Partir à la retraite à soixante-cinq ans, comme presque tous les Européens, ce n'est pas du sang et des larmes. Remplacer l'indemnisation du chômage par une obligation de formation professionnelle, ce n'est pas du sang et des larmes.

Le sang et les larmes, c'est aujourd'hui, pour les six millions de Français qui sont au chômage total ou partiel, pour les travailleurs pauvres dont le nombre ne cesse d'augmenter, pour les retraités qui n'arrivent plus à joindre les deux bouts après toute une vie de labeur, pour les deux millions de jeunes Français qui ne sont ni à l'école, ni en formation, ni au travail, pour les artisans qui ne parviennent pas à se verser un salaire à la fin du mois, pour les agriculteurs qui bradent leurs productions tandis que s'enrichissent quelques distributeurs aux résultats insolents.

Contre le sang et les larmes, je choisis la liberté et la vérité. Contre les conservatismes qui nous étouffent, je choisis la liberté qui est le meilleur logiciel du progrès économique, technologique et social. Contre les marchands d'illusions, je choisis la vérité qui est la base d'une action politique saine et respectée.

I

La faillite

« L'État en faillite » : j'ai fait scandale en employant cette formule. Mais ceux qui se sont émus étaient surtout les responsables politiques qu'elle renvoyait à leurs propres échecs, et à ces invraisemblables dialectiques derrière lesquelles ils n'ont cessé de nier l'évidence et la gravité de notre endettement. Beaucoup de gens l'ont comprise, au contraire, comme une parole de vérité, un antidote contre les promesses trop belles et les propos lénifiants auxquels on les a habitués mais dont ils refusent d'être dupes. Cette formule s'est gravée dans les mémoires et quand je vais à la rencontre des Français, c'est elle que citent spontanément ceux qui me manifestent leur soutien.

Mes adversaires aussi la mentionnent, à vrai dire, pour essayer de la retourner contre moi : en me laissant la responsabilité du mot « faillite », ils aimeraient aussi me laisser subrepticement celle de la chose. Malheur à celui par qui le scandale arrive ! La classe politique redoute le sort réservé aux porteurs de mauvaises nouvelles et préfère cacher les problèmes au lieu de les révéler au grand jour. On les laisse à ses opposants, ou à ses successeurs.

J'assume d'avoir lancé l'alerte. Je persiste et je signe. Nous finançons notre niveau de dépenses publiques, c'est-à-dire notre niveau de vie, d'un côté par une imposition excessive qui pénalise le travail et bride notre économie, et de l'autre côté par des emprunts toujours plus élevés qui menacent un jour ou l'autre de compromettre notre souveraineté, notre capacité à faire des choix libres. Pris dans cette tenaille, nous voyons se réduire inexorablement le cercle de notre influence, de notre puissance et de notre action. Le « déclinisme » est volontiers raillé, vilipendé. Si le déclinisme, c'est prophétiser une fatalité implacable et se lamenter en murmurant que tout est fini pour nous et qu'il n'y a plus rien à faire, sinon baisser pavillon, je ne m'y reconnais pas. Mais il y a des faits qui méritent d'être désignés clairement et sans fausse pudeur. Le déclin nous menacera d'autant plus que nous nous obstinerons à détourner les yeux de nos faiblesses structurelles et à cacher toute vérité qui risque de blesser notre orgueil.

« L'État en faillite » : ces mots ont tellement fait leur chemin que l'on a oublié dans quelles circonstances ils ont été prononcés. Il n'entrait pas dans mes intentions, ce jour-là, de choquer l'opinion, ni de faire le buzz – ambitions dérisoires –, ni même de provoquer un grand débat national.

C'était le 21 septembre 2007, quelques mois à peine après l'élection de Nicolas Sarkozy et ma nomination à Matignon. J'étais à Calvi pour un déplacement officiel. On était à la fin de l'été, mais en Corse il faisait encore très beau. Nous étions arrivés le matin, nous avions été reçus à la mairie, puis nous étions allés dans une exploitation viticole à l'écart de la ville ; là, je devais rencontrer des représentants du monde agricole corse.

Dans la cour, en plein soleil, une table avait été dressée sur des tréteaux, une très longue table comme on en voyait autrefois les jours de vendanges ou de moisson. On servit le vin rosé de la propriété. Le déjeuner commença, tandis que la parole était donnée aux représentants des différentes professions agricoles. Je les écoutais avec attention. Une chose me frappa : c'est que leurs déclarations étaient presque toutes des demandes de financements, formulées avec plus ou moins de circonlocutions. L'un réclamait une « aide » ; l'autre, un « soutien » ; un autre encore – un peu plus franchement – une « subvention ». Chacun tendait sa sébile au Premier ministre. Arriva le tour de Joseph Colombani, président de la FDSEA de Haute-Corse, militant nationaliste et redoutable leader syndical, ayant le visage acéré et le verbe haut. Il martela ses exigences sans avoir l'air d'imaginer que je puisse ne pas y répondre au doigt et à l'œil. Jusqu'à présent, j'étais resté mesuré, presque évasif, face aux sollicitations qu'on m'adressait. J'eus soudain le sentiment que c'en était trop ; qu'il serait peut-être temps que l'on cesse de voir dans les caisses de l'État une sorte de fontaine d'abondance inépuisable vers laquelle il suffirait de tendre les bras pour recueillir des subsides à volonté.

C'est alors que j'ai prononcé ces mots : « Je suis à la tête d'un État qui est en situation de faillite, sur le plan financier. Je suis à la tête d'un État qui est, depuis quinze ans, en déficit chronique. Je suis à la tête d'un État qui n'a jamais voté un budget en équilibre depuis vingt-cinq ans. Ça ne peut pas durer. »

Tout le monde s'est tu et la douce somnolence générale qu'avait installée le vin rosé de nos hôtes sous la chaleur du soleil s'est dissipée comme par un coup de fouet. Les journalistes, qui jusqu'alors avaient écouté la discussion d'une oreille distraite, ont sursauté. Ils ont vite compris que quelque chose était peut-être en train de se passer. Ils ont décroché leurs téléphones – on n'utilisait pas encore Twitter à l'époque – et en peu de temps la nouvelle a fait le tour des rédactions, a suscité d'innombrables commentaires et – on le sait – déclenché une mini-crise avec le président de la République.

Elle ne se réduisait pas à la querelle personnelle un peu dérisoire sur laquelle on a voulu broder. En réalité, derrière les tensions qui sont apparues à ce moment-là, se jouait une différence importante dans nos visions de l'économie et de la conduite des affaires de l'État. Nicolas Sarkozy était alors persuadé que le desserrement d'un certain nombre de contraintes fiscales suffirait à relancer notre économie et à atténuer mécaniquement le poids de la dette. C'était le sens de la loi TEPA adoptée en juillet, peu après les élections. Il n'était pas non plus indifférent aux idées keynésiennes de relance par la dépense publique qui avaient parmi ses conseillers des partisans résolus. Probablement aussi, comme beaucoup d'hommes politiques qui redoutent l'impopularité il ne voulait pas donner le sentiment d'infliger une potion amère à ceux qui venaient de l'élire. J'étais davantage prêt, pour ma part, à assumer des décisions difficiles. J'avais déjà dit plusieurs fois au cours des semaines précédentes, en des termes moins frappants, que selon moi, notre priorité fondamentale devait être de réduire le déficit public.

Ma phrase choc n'avait rien de prémédité, mais elle trahissait une inquiétude que j'avais depuis longtemps. Au fond, même si le terme de faillite rompait avec le langage consensuel, ce qu'il exprimait était pour moi de l'ordre de l'évidence. À partir du début des années 1980, j'ai vu le déficit du budget de l'État se creuser continuellement. Il faut reconnaître que, gauche ou droite, nous en partageons tous la responsabilité. Le monde politique, dans sa grande majorité, n'osait pas mettre l'opinion en face de cette vérité douloureuse et se réfugiait dans l'idée que cela irait mieux demain, qu'un jour ou l'autre une croissance forte épongerait nos créances, ou pire encore, qu'il reviendrait aux gouvernements ultérieurs – et à nos enfants – de se dépêtrer de ce problème. Des économistes et des hauts fonctionnaires de Bercy tiraient depuis un certain temps la sonnette d'alarme. Au sein de ma famille politique, des hommes d'expérience et de valeur comme Jean Arthuis ou Jean-Pierre Fourcade étaient avertis de l'enjeu. Philippe Séguin, nommé à la tête de la Cour des comptes, me parlait avec une fougue inquiète de la spirale effarante où étaient entraînées nos finances publiques d'année en année. Mais ces voix n'étaient guère entendues. Le rapport rédigé par Michel Camdessus dans les dernières années de la présidence de Jacques Chirac avait suscité un intérêt poli, sans déboucher sur des engagements politiques concrets. Les choses ont commencé à évoluer légèrement lorsqu'en 2007 François Bayrou a rassemblé un nombre significatif de suffrages autour de sa candidature qui faisait pour la première fois une large part au problème de la dette.

Cette prise de conscience progressive n'a pas empêché ma formule de provoquer un tollé. On a voulu me faire passer pour un comptable. On m'a prédit le destin d'un Raymond Barre, battu par plus démagogue que lui. On a raillé l'étroitesse d'une conception de la politique où il était question de contrainte plutôt que d'utopie, d'effort plutôt que de rêve. On a vu des experts défiler sur les plateaux de télévision pour expliquer doctement qu'un État – et naturellement un grand État comme la France ! – était une entité très spéciale qui à la différence d'un ménage ou d'une vulgaire entreprise ne pouvait jamais être déclarée en faillite. On pouvait donc emprunter à l'infini pour financer nos emplois publics et notre protection sociale, sans se soucier de basses considérations sur notre capacité de remboursement. On avait certes connu la faillite de l'Argentine au début des années 2000, mais cela paraissait tellement loin, tellement incomparable ! Et l'on avait oublié que le général de Gaulle n'avait pas eu peur des mots lorsqu'en découvrant la situation financière de la

France en 1958, il avait pensé que l'alternative serait entre « le miracle ou la faillite ».

Et puis est arrivée la crise des dettes souveraines, en 2011. La Grèce a été à deux doigts d'être – littéralement – déclarée en faillite et n'en a réchappé que grâce au soutien des autres pays européens, avant de rechuter en 2015. L'Italie et l'Espagne, aux caractéristiques plus proches de notre économie, ont vu leur capacité à se financer sévèrement remise en cause et ne sont pas passées très loin de la catastrophe. L'image que j'avais employée spontanément quelques années plus tôt en frappant les esprits a pris une réalité stupéfiante. Je n'avais pas imaginé qu'elle deviendrait concrète aussi vite.

Les événements n'ont fait que renforcer ma conviction : le niveau de notre endettement est beaucoup trop élevé et pire encore, la dynamique vertigineuse de sa progression inspire toutes les craintes. Politiquement, moralement, économiquement, cette situation est inacceptable.

D'un point de vue politique, la dette menace à terme notre indépendance. Si nous continuons à glisser sur cette pente, qui sait si nous ne devrons pas accepter sous la contrainte extérieure des mesures plus drastiques que celles que nous n'aurons pas eu la volonté de prendre par nous-mêmes ? Le jour où nous verrons des experts du FMI imposer leurs diktats à nos ministères et à nos administrations, nous n'aurons plus que nos yeux pour pleurer.

D'un point de vue moral, la dette fait peser sur les générations futures un immense fardeau. Comment justifier qu'elles aient à payer la facture de nos imprévoyances ? Que penseront-elles de nous, quand elles découvriront que nous ne leur avons laissé en héritage que des dettes astronomiques et rien des acquis sociaux dont nous sommes si fiers mais que nous nous serons offerts à leurs dépens ?

D'un point de vue économique, la dette plombe notre activité et nos espoirs de croissance. Une part considérable de notre budget est dévouée au seul remboursement des intérêts de nos emprunts. Nous sommes entraînés dans un cercle vicieux qui nous empêche de desserrer la pression fiscale et pousse même à l'augmenter, alors que notre économie a cruellement besoin d'oxygène. Les pays qui sont aujourd'hui dans une dynamique favorable sont ceux qui ont su faire de grands efforts pour réduire leurs dépenses publiques. Je ne vois pas un seul exemple de pays qui se soit relancé en les augmentant. Seule la gauche française croit encore – ou veut faire croire – à cette baguette magique qui a depuis longtemps fait la preuve de son inefficacité.

Pendant la campagne de 2012, elle a réussi un beau tour de passe-passe en maquillant son insouciance par rapport à la dette sous le nom de « croissance » et en renvoyant dans les cordes de « l'austérité » l'effort de rééquilibrage que nous avions entamé dans les dernières années du mandat de Nicolas Sarkozy. En 2011, le déficit public était passé de 7,1 % du PIB à 5,2 %. Jamais il n'avait été autant réduit d'une année sur l'autre. En 2011, Valérie Pécresse étant ministre du Budget, les dépenses publiques dans leur ensemble avaient été stabilisées pour la première fois depuis 1960 et, pour la première fois depuis 1945, les dépenses de l'État proprement dites avaient baissé. L'objectif d'un déficit à 3 % du PIB était à notre portée pour 2013. Il est aujourd'hui reporté aux calendes grecques par le gouvernement socialiste qui ne cesse de quémander de nouveaux délais aux instances européennes comme un élève qui n'arrive pas à remettre sa copie parce que son imprimante ne fonctionne jamais le jour dit. Il y a quelque chose d'humiliant pour notre nation dans cette incapacité – et dans la manière dont on prétend en faire porter la responsabilité aux pays qui réussissent mieux que nous, avec quelquefois d'étranges accents xénophobes. Est-il si difficile de comprendre que nous ne nous grandissons pas en dénigrant du fond de nos échecs les succès de nos voisins et que nous devrions au contraire nous élever au niveau des meilleurs ?

Quand je parle de la dette, mes opposants objectent qu'elle aurait augmenté de 600 milliards d'euros lorsque j'étais Premier ministre et Nicolas Sarkozy président de la République. Il me faut y répondre. Cette augmentation n'a pas servi à financer de nouveaux emplois publics ni le train de vie d'un État considéré comme la panacée. Elle n'a pas relevé d'un choix philosophique. Elle a été la conséquence de la crise de 2008. Tandis que l'effondrement de l'activité affaiblissait considérablement les recettes de l'État, nous avons dû agir pour sauver nos banques et des pans entiers de notre économie. Nous n'avons pas voulu que les Français fassent la queue devant les guichets pour tenter de sauver de leur épargne ce qui pourrait l'être et nous n'avons pas voulu que notre industrie automobile soit engloutie corps et biens, et avec elle tous les secteurs qui en dépendent. Nous avons aidé les banques pour qu'aucun de nos concitoyens ne perde un seul euro, pour que l'investissement ne soit pas totalement gelé et pour que des milliers de PME puissent garder la tête hors de l'eau. Nous avons fait le choix de la relance. J'assume ce choix, parce qu'il s'est imposé dans des circonstances exceptionnelles et parce qu'il nous a permis de faire face autant que possible à ce choc terrible, en nous maintenant à un petit niveau de croissance alors qu'autour de nous même l'Allemagne connaissait une période de récession. Je l'assume parce qu'il n'avait rien à voir avec une politique de l'endettement tranquille, au fil de l'eau, et qu'en parallèle nous poursuivions sans relâche notre effort de réduction des dépenses publiques structurelles. C'était une politique en mouvement, réactive, qui ne nous empêchait pas de remettre notre déficit sur les rails, une fois passé le plus gros de la tempête. Ce n'était pas une politique de confort.

Les trois années de mandature socialiste nous auront fait glisser de nouveau dans l'ornière de nos mauvaises habitudes. Rien n'aura été fait pour nous mettre vraiment à l'abri d'une catastrophe financière dont la menace continue de planer sur notre horizon. Le redressement de la France en faillite reste le cœur de mon engagement. Je veux transformer cette intuition en action.

Le projet que je construis aujourd'hui et que je présenterai aux Français est dépeint comme radical. Combien de fois m'a-t-on fait remarquer que je devrais changer de disque le temps de telle ou telle campagne, que mon discours était peut-être vrai mais trop difficile à entendre ! Eh bien non. J'ai la conviction que les Français sont prêts à entendre la vérité et à assumer des efforts qui élèveront la nation tout entière et lui redonneront confiance en elle-même. Ils sont souvent plus soucieux du sort de leur pays qu'un certain nombre de leurs représentants. Ceux qui savent pertinemment quelle est la gravité de notre situation financière, mais préfèrent la taire pour conquérir ou conserver le pouvoir, font preuve d'une hypocrisie que nos concitoyens perçoivent très bien et qui est au cœur de la crise politique autant que morale avec laquelle nous sommes aux prises.

Depuis 1978, toutes les majorités sortantes ont été battues dans les grands scrutins nationaux. 2007 a été la seule exception ; encore faut-il se rappeler que le président ne se représentait pas, et que Nicolas Sarkozy était tout sauf le candidat de la continuité. Les Français préfèrent éconduire plutôt que reconduire. Aucune grande démocratie n'est dans ce cas de figure, qui à mon avis s'explique par le contraste saisissant qui sépare l'utopie des campagnes et la réalité de l'exercice du pouvoir. Chez nous, les promesses fleurissent à l'approche des jolis mois de mai électoraux et retombent comme des feuilles mortes à l'automne. On n'imagine pas Angela Merkel promettant de réenchanter je ne sais quel rêve ni proclamant que la finance est son ennemie, et pourtant elle a été réélue plusieurs fois et son pays domine l'économie européenne. Au nom de quelle malédiction serions-nous privés d'espérances raisonnables ? Le vrai changement, ne serait-ce pas de s'engager sur des propositions concrètes et mûrement réfléchies au lieu de faire miroiter des rêves flous ? La vraie ambition, est-ce celle qui se ment à elle-même et aux autres et qui se dégonfle au pied du mur, ou est-ce celle qui s'appuie sur un décompte précis de ses forces et de ses faiblesses ?

Mon programme est radical en raison du retard que nous avons accumulé. Il est radical au regard de pesanteurs idéologiques et structurelles que la gauche entretient en jouant sur du velours. Il est radical parce que je pense que beaucoup de choses doivent changer en effet. Mais il est d'un autre côté guidé par le bon sens et par l'exemple de grands pays qui se portent aujourd'hui mieux que nous. L'Allemagne, la Suède, le Canada ont réformé courageusement leurs politiques publiques dans les quinze dernières années. Ce qu'ils ont réussi, pourquoi serions-nous incapables de le faire ? Quelle idée avons-nous de nous-mêmes pour que devant l'effort notre attitude soit si souvent celle du renoncement ?

Mon projet est ambitieux, mais il n'est ni lyrique, ni irréaliste, ni utopique. Il est ambitieux parce qu'il est réfléchi. J'ai la conviction que sur la base des propositions que je fais nous pouvons assainir nos comptes publics en deux ans, relancer notre économie en cinq ans, devenir la première puissance européenne en dix ans. L'attentisme nous fait reculer. La volonté peut nous conduire très haut. C'est un programme de compétition.

II

J'ai tout aimé de la politique

Tout homme politique qui se présente à une élection, et singulièrement à l'élection présidentielle, est facilement suspect d'être mû par une ambition personnelle démesurée qui l'entraînera à formuler les propositions les plus démagogiques, en sacrifiant sans scrupule ses convictions profondes. Je veux bien qu'on me prête tous les défauts du monde, mais je soutiendrai jusqu'à la fin que mon projet correspond sans le moindre faux-fuyant à ce que je pense.

Ce qui l'a fait naître, c'est la tristesse que j'éprouve en voyant la France décliner lentement mais sûrement, et c'est ma volonté de prendre, si la possibilité m'en est donnée, les décisions qui sont à mes yeux seules en mesure de la sortir de cette mauvaise pente.

Quand aura lieu l'élection présidentielle de 2017, cela fera dix ans que j'aurai évoqué la faillite ; tout ce que je construis pour être au rendez-vous de cette échéance tire les conséquences avec patience et détermination de ce signal d'alarme. Avant même l'épisode de la faillite, j'avais écrit un livre auquel j'avais donné pour titre *La France peut supporter la vérité.* Je ne ferai pas voler en éclats cette continuité, cette cohérence qui me guide depuis des années, pour me laisser griser par les tentations de la démagogie.

J'entends encore Philippe Séguin citer une phrase de Démosthène disant : « Je préfère les paroles qui sauvent aux paroles qui plaisent. » On a assez brocardé mon sérieux pour que je puisse aussi la revendiquer. Tout homme construit sa personnalité en choisissant les reproches qui lui sont le moins insupportables : je préfère passer pour un terne plutôt que pour un illusionniste. Si j'échoue, ce sera en étant resté en accord avec la vérité que je ressens. J'ai eu de l'ambition et de l'orgueil, bien sûr, comme tout un chacun ; mais au moment où mon parcours est plus proche de sa fin que de son commencement, je ne me laisserai pas en devenir le jouet. Ce n'est pas ainsi que je suis entré en politique, et ce n'est pas ainsi que je quitterai la scène.

Je me suis passionné pour la politique dans mon adolescence, en un temps où la politique ressemblait encore à une épopée. Cela ne veut pas dire que j'aie envisagé tout de suite d'en faire mon métier, encore moins que je sois monté sur un tabouret en classe de maternelle pour proclamer à mes petits camarades qu'un jour, quand je serai grand, je serai président de la République ; et que l'on puisse se vanter d'un tel exploit est étranger à mon caractère, pour ne pas dire incompréhensible. Ce dont j'ai rêvé d'abord, c'est d'être guide de montagne, par goût du risque et de la contemplation ; longtemps je me suis vu journaliste, par goût de l'événement et du récit ; je voulus entamer un doctorat de sciences politiques, par goût de l'étude et de la précision, et comme pour garder une sorte de mise à distance objective à l'égard d'un monde qui commençait à m'offrir de plus en plus nettement la perspective d'une carrière.

J'étais devenu attaché parlementaire à vingt-deux ans, mais sans imaginer alors que je me consacrerais à la politique ; j'avais même refusé cette proposition, avant de l'accepter quand on la réitéra avec une bienveillante insistance. J'avais fini par me laisser convaincre, en me disant que ce serait une expérience utile pour la suite, une sorte de poste d'observation. Je ne cherchais pas à en faire un quelconque tremplin. Puis le député de la Sarthe pour qui je travaillais, Joël Le Theule, était devenu ministre et je l'avais suivi à son cabinet. Quand il mourut brutalement dans la force de l'âge, j'avais engagé au fil des ans tellement d'énergie et de temps dans cette activité que l'on m'encouragea à tenter de lui succéder en présentant ma candidature aux mandats électifs qu'il avait exercés.

C'est ainsi que, sans avoir ressenti une vocation politicienne particulièrement précoce, je me retrouvai en 1981 plus jeune député de France. Il entre là-dedans une part de destin, mais pas de hasard : tout ce qui m'attirait séparément dans mes ambitions préliminaires pouvait se trouver réuni dans la politique. J'en appris les dimensions concrètes, qui n'ont pas toutes la saveur de l'épopée ; mais dans le dossier le plus austère ou le plus pointu, j'ai toujours cherché à repérer l'empreinte de l'histoire et de la volonté générale. J'ai tout aimé de la politique, même les petits matins blêmes où l'on est seul à coller ses propres affiches, même les salles vides où commence parfois, à l'écart de tout, le chemin des victoires les plus inattendues et les plus brillantes.

Mes convictions de jeunesse n'ont jamais changé. Je m'étais découvert gaulliste comme d'autres sentent soudain qu'ils sont touchés par la foi. J'avais découpé la photographie du général de Gaulle dans un journal et je l'avais affichée sur un mur de ma chambre telle une image pieuse : le Général était grand et il était naturel d'admirer sa grandeur. J'avais quatorze ans. Ce qui m'apparut comme une évidence ne l'était pas tant que ça dans ma génération, pour qui la débâcle de mai 1940 était loin et qui commençait à se lasser d'être gouvernée par un vieux militaire.

Je ne veux pas tirer gloire de ce choix existentiel car il en est d'autres qui par leur sincérité méritent la considération. Du moins n'ai-je pas eu à le renier. Ceux qui contestèrent le gaullisme au nom de telle ou telle chapelle du marxisme connurent ensuite des cas de conscience plus nombreux. On mesure avec le temps à quel point la France était à cette époque un pays prospère et respecté, soudé par le dynamisme et l'éclat que de Gaulle avait insufflés à son destin. C'était mon sentiment, c'est le jugement de l'histoire, c'est aussi le souvenir qu'a en définitive gardé la mémoire collective des Français.

Je vibre quand la France rayonne, quand elle est au premier rang, quand elle est vue comme un modèle ; quand son économie engrange des succès, quand sa diplomatie résout des crises, quand ses créations sont célébrées. J'ai la passion de la France mais je suis réaliste. Je sais que le monde où j'ai fait mes premières armes est derrière nous. La compétition est plus rude pour les vieux pays industrialisés, et les concurrents sont plus nombreux. Aucune ligne Maginot n'arrêtera la mondialisation comme par miracle. Elle n'est un risque que si nous ne faisons rien. Elle est une chance si nous apprenons à maîtriser ses paramètres, si nous savons évaluer et exercer à plein nos capacités. Je ne jouerai pas de la peur et de la tentation du repli. J'aime l'histoire mais je ne suis pas nostalgique.

Je ne regrette pas un monde où quelques puissances européennes exerçaient un impérialisme sans partage, ni un monde clivé et figé par la Guerre froide, ni un monde où les inégalités étaient telles que des continents entiers étaient maintenus dans la pauvreté, la dépendance et l'incapacité à faire entendre leur voix. Les grands rééquilibrages qui dessinent un monde nouveau sous nos yeux comportent des légitimités profondes. Il est juste que des pays trop longtemps privés de richesse et de puissance soient aujourd'hui appelés à en prendre leur part ; il est juste qu'ils récoltent les fruits de leurs efforts considérables. Ce nouveau monde nous bousculera sans doute dans nos positions et nos certitudes, mais nous pouvons avoir l'espoir qu'il sera plus ouvert et plus équitable que l'ancien. Ce nouveau monde fera la part belle à la création, à la réflexion, à la recherche, à l'innovation technologique, à la mobilité, à l'échange des cultures. Ce ne sont pas des notions étrangères à la France !

Nos doutes, nos inquiétudes, nos malaises ? Ils proviennent d'un sentiment tenace de marasme. Mais ce n'est pas parce que d'autres pays émergent que nous sommes fatalement voués au déclin. Nous avons tant d'atouts dans notre jeu, tant de forces parfois inemployées ou mal orientées, que l'attitude la plus absurde consisterait à baisser les bras et à clamer d'un air désabusé que le temps est venu pour nous de passer la main. Nous ne sommes pas un pays faible, nous sommes un pays fort qui trop souvent méconnaît ses forces, les sous-estime et les laisse en jachère. Nous balançons entre deux illusions qui sont aussi dangereuses l'une que l'autre, parce qu'elles sont paralysantes pour l'action : l'illusion que tout est perdu et l'illusion que tout nous est dû.

Je voudrais tellement que les Français soient à nouveau fiers d'eux-mêmes, de leur pays. Je ne me présenterai pas devant eux en leur promettant je ne sais quelle utopie, en leur faisant miroiter un pays imaginaire, coupé du monde, où il suffirait de vouloir pour avoir, de demander pour obtenir, de rêver pour être exaucé. Je veux leur apporter des espérances concrètes. Je veux leur proposer des objectifs et des résultats. Je veux leur parler d'une France qui peut être demain la première puissance économique en Europe, d'une France où les efforts de chacun seront payés de retour, d'une France où nous n'aurons pas à avoir honte de l'héritage que nous laisserons à nos enfants. Je ne veux pas que nos enfants jugent un jour notre époque comme celle de l'inaction, du renoncement, des occasions manquées.

J'ai pratiqué l'alpinisme, et j'ai toujours aimé ce moment où l'on arrive sur un sommet et où l'on se dit : « C'était difficile, mais nous y sommes parvenus ! » C'est une source de vraie joie. Je connais aussi les jours où l'on préfère rester à la maison en trouvant toutes sortes de faux prétextes pour renoncer à l'effort : ce sont des jours où l'on n'est jamais très fier de soi. Dans la vie d'un alpiniste amateur, cela n'a guère de conséquences. Dans l'histoire d'une nation, cela en a beaucoup plus, et de plus graves. Il y a eu tellement de moments par le passé où nos parents, nos grands-parents, nos ancêtres plus lointains encore ont pu se dire : « C'était difficile, mais nous y sommes arrivés. » Ils étaient fiers d'eux et ils avaient raison. Et nous sommes fiers d'eux et nous continuons de leur rendre hommage.

Il n'y a pas de raison que nous ne soyons pas à la hauteur, pas de raison que nous nous détournions des sommets qui nous font signe, pas de raison que nous ne soyons pas un jour, nous aussi, fiers de nous-mêmes, légitimement, parce que nous aurons fait ce que nous devions faire, parce que nous n'aurons pas gâché nos talents.

III

Liberté !

Si je dois résumer mon projet en un mot, je choisis : liberté. Ce mot est sur toutes les lèvres, il est le premier de notre devise républicaine, et pourtant nous n'avons cessé de dresser des barrières qui entravent et qui réduisent sa réalité concrète.

Nous sommes devenus incapables de résoudre un problème autrement que par une nouvelle interdiction ou une nouvelle contrainte baroque qui s'ajoutent aux innombrables règles que nous avons empilées depuis des années. On nous a beaucoup promis qu'on allait « changer la vie ». Trop rares sont ceux qui se sont proposé de la simplifier ! Je pense souvent à la phrase prêtée à Georges Pompidou – « arrêtez d'emmerder les Français… » – un jour où passait sur son bureau tout un tas de dispositions normatives qu'il avait à contresigner.

Dans son langage pour le moins direct, elle exprime une vérité largement ressentie, un travers ancien qui ne s'est pas résorbé avec les années, bien au contraire. Quand les « véhicules de tourisme avec chauffeur » sont apparus récemment, on n'a rien trouvé de mieux que de leur imposer de faire trois fois le tour du pâté de maisons avant de prendre en charge un passager, pour niveler la concurrence qu'ils faisaient aux taxis. Transposons un instant l'état d'esprit qui règne aujourd'hui en France à l'époque où fut inventée l'automobile : je suis sûr que l'on trouverait beaucoup de ministres ou de parlementaires – socialistes, mais pas seulement, hélas – pour inventer une norme obligeant les voitures à moteur à ne pas rouler plus vite que les voitures à cheval, au nom de l'égalité ou de la défense des emplois des maréchaux-ferrants ! Nous bridons toute inventivité ; nous nous privons des ressources de l'imagination qui est le fruit de la liberté ; nous sommes tellement obnubilés par la sauvegarde des emplois existants que nous sommes incapables de penser aux nouveaux emplois qui sont apportés par l'innovation.

Il y a toujours eu en France une tension, philosophique et politique, entre la liberté et l'égalité, et depuis la Révolution notre histoire est marquée par la recherche d'un équilibre qui les concilie. Je crois que cet équilibre a été rompu et qu'il est temps de le rétablir. Non pas pour satisfaire une quelconque idéologie, mais pour en revenir au bon sens dont nous n'aurions jamais dû nous écarter.

Ce n'est pas un combat facile. Ce n'est pas un combat démagogique. Je me souviens de Sarkozy me disant un jour : « Tu sais, François, la liberté, c'est Madelin : 4 %... » J'ai lu chez Chateaubriand cette terrible analyse, par laquelle il expliquait la facile prise du pouvoir de Napoléon Bonaparte : « Les Français vont instinctivement au pouvoir : ils n'aiment point la liberté ; l'égalité seule est leur idole. Or, l'égalité et le despotisme ont des liaisons secrètes. » L'invention de la liberté par les philosophes des Lumières avait pourtant été le grand moteur spirituel de la Révolution ; faute d'institutions stables, la peur de l'anarchie l'avait emporté et la liberté avait été mise sous le boisseau. Deux siècles plus tard, c'est la peur du changement, la peur des bouleversements du monde qui inspirent la défaveur dont souffre la liberté.

Si grande est cette défaveur que le seul fait de la défendre expose – en France – ceux qui s'y risquent à d'étranges procès en thatchérisme ou en reaganisme. On s'étonne ou feint de s'étonner de ce qu'ayant été un fidèle de Philippe Séguin pendant tant d'années et depuis toujours un admirateur du Général, je défende aujourd'hui un projet de libéralisation intensive de notre économie. Cela en dit long sur la superficialité des analyses en vigueur et sur les stéréotypes qui corsètent toute réflexion de fond. La tradition politique dont je me réclame place au-dessus de tout l'indépendance et la grandeur de la France. Or un pays économiquement faible ne peut pas être politiquement fort.

De Gaulle l'avait compris, lui qui n'a eu d'autre ambition que d'élever la France au niveau des défis que lui lançait l'évolution du monde, pour qu'elle « entre délibérément en concurrence avec les grands pays modernes » et conserve un rang éminent parmi les nations ; lui qui a non seulement assaini nos finances publiques dès son retour au pouvoir en 1958, mais aussi engagé une rupture – qu'il décrivait lui-même comme une « révolution » – avec la vieille tradition française du protectionnisme, car sa conviction était que la compétition internationale serait un levier qui tirerait vers le haut nos entreprises ; lui qui n'a cessé d'être en butte aux défenseurs de toutes les routines et de tous les *statu quo*. La gauche a rétrospectivement construit le mythe – propre à consolider sa stratégie de domination idéologique – d'un de Gaulle keynésien voire cryptomarxiste, alors que l'économiste sur qui il se reposait pour mener ses grandes réformes, Jacques Rueff, s'est opposé pendant des décennies – en gagnant une audience qui allait bien au-delà de nos frontières – aux théories de Keynes, le grand théoricien de la relance de l'économie par la dépense publique.

Quant à Philippe Séguin, son combat politique a été marqué par une volonté permanente de lutter contre le chômage. Député des Vosges, puis maire d'Épinal, il a été aux prises dès la fin des années 1970 avec l'économie meurtrie d'une région qui avait été frappée de plein fouet par la crise du textile et de la sidérurgie. Son action locale a été guidée par l'exigence de la redynamiser, pour redonner des emplois à ceux que la fermeture des usines avait laissés sur le carreau. Lorsqu'il a été nommé ministre des Affaires sociales, en 1986, il avait cette conviction que le premier acquis social, c'est l'emploi. Le travail et l'entreprise devaient donc être au cœur de l'action publique. Dès son arrivée il supprima l'autorisation administrative de licenciement qui rigidifiait le marché de l'emploi et il assouplit les règles sur l'organisation du temps de travail. Cela ne l'empêcha pas de prendre des mesures sociales justes et de bon sens, comme l'obligation d'emploi pour les travailleurs handicapés, sorte de discrimination positive avant la lettre. Mais c'est un contresens total de faire de lui un étatiste épris de réglementations tatillonnes. Il avait de l'État une idée beaucoup plus noble et beaucoup plus haute.

Puisque je veux aller au bout du raisonnement, je me garderais de tenir la référence à Margaret Thatcher – ou à Ronald Reagan – pour aussi infamante que le prétendent des commentateurs aux yeux de qui toute politique classée à droite porte les couleurs du diable. Margaret Thatcher a été élue au terme d'une longue période de déclin lancinant pour le Royaume-Uni qui était considéré dans les années 1970 comme l'homme malade de l'Europe. Les travaillistes étaient incapables de changer leur logiciel idéologique et de réformer leur pays. Ils durent piteusement demander une aide financière au FMI, comme un pays du tiers-monde ; rude déchéance pour l'ancien empire sur lequel le soleil ne se couchait jamais ! Je ne veux pas plonger plus avant dans l'histoire contemporaine britannique. Je constate seulement que Margaret Thatcher a été réélue plusieurs fois et que, quand elle a quitté le pouvoir, le Royaume-Uni n'était plus l'homme malade de l'Europe.

Qu'on se rassure pourtant : mon projet n'est pas de déréguler à tout-va, ni de créer des fractures profondes dans notre société, ni d'imposer d'en haut à celle-ci des réformes dont nul ne voudrait. Si je crois nécessaire de mettre enfin la liberté en avant, c'est au contraire parce que j'ai le sentiment que c'est autour de cette notion que se rassemble toute une série de demandes profondes qui montent de partout, que partagent des Français appartenant à des milieux sociaux et des secteurs d'activité aussi divers que possible, artisans, cadres de grandes entreprises, agriculteurs, entrepreneurs des nouvelles technologies, fonctionnaires aspirant à des carrières plus souples et plus épanouissantes, etc. C'est aussi parce que j'ai le sentiment que nous devons être au clair avec un idéal dont nous sommes fiers mais que nous avons peut-être oublié d'entretenir dans les faits à force de croire que nous en étions le dépositaire éternel.

La France est-elle vraiment le porte-drapeau de la liberté dans le monde ? Est-on plus libre chez nous qu'en Allemagne, qu'au Danemark, qu'en Pologne ou aux États-Unis ? Est-on libre dans un pays où plus de six millions de personnes sont au chômage total ou partiel ? Est-on libre dans un pays qui bat tous les records d'imposition ? Est-on libre dans un pays où le code du travail comprend trois mille deux cents pages qui font de la moindre embauche un choix cornélien, alors que la décision de donner un travail à quelqu'un devrait être l'une des plus faciles qui soient ? Est-on libre dans un pays où rien n'échappe à une réglementation quelconque ? Est-on libre dans un pays où la recherche est sévèrement encadrée au nom du principe de précaution ? Est-on libre dans un pays dont la jeunesse entreprenante s'exile en masse parce qu'elle a le sentiment de trouver ailleurs un terrain plus propice à son ambition ? Est-on libre dans un pays qui est à la merci de la plus petite variation des taux d'intérêt sur une dette publique qui atteint désormais les 100 % du produit intérieur brut ? Est-on libre dans un pays dont le système scolaire reproduit – au nom de l'égalité ! – les inégalités sociales et détourne les enfants de milieu modeste des aspirations les plus hautes ? Est-on libre dans un pays où des caricaturistes, des penseurs, des journalistes sont assassinés froidement par des terroristes, tandis que d'autres doivent vivre en permanence sous protection policière ? Est-on libre dans un pays dont le Premier ministre peut dire d'un des écrivains français les plus traduits et les plus commentés au monde que « Houellebecq, ça n'est pas la France » ? Est-on libre dans un pays qui est l'un des plus condamnés par la Cour européenne des droits de l'homme pour atteinte à la liberté d'expression ?

Je pourrais aligner les questions par dizaines. La vérité, c'est que la France se recroqueville sous un étouffoir réglementaire et idéologique que la mandature socialiste a encore aggravé. La liberté est redevenue une idée neuve en France. Je n'ai jamais très bien compris quel était le contenu du fameux « rêve français » de François Hollande ; peut-être ne le savait-il pas très bien non plus. Mais je peux dire que, pour moi, nous ne redonnerons toute sa vitalité et son rayonnement au modèle français qu'en replaçant la liberté en son cœur. Liberté de travailler. Liberté de tirer profit de son travail. Liberté de chercher, d'innover, de s'exprimer.

IV

Aux origines

Les ancêtres de mon père étaient établis en Vendée depuis des époques très anciennes. Forgerons, fariniers, maçons, sabotiers, ils avaient vécu, de génération en génération, dans un périmètre géographique étroit, balisé par quatre ou cinq villages. Ils descendaient eux-mêmes de lignées de paysans humbles dont les origines se perdent dans la nuit des siècles et semblent se confondre avec celles des bocages de l'Ouest.

Mon grand-père habitait une très vieille maison au cœur des Essarts, l'un de ces villages où vivait de longue date ma famille. Il tenait une quincaillerie ; je me souviens d'avoir joué enfant, avec mes frères et mes cousins, dans son entrepôt. Il y avait de vastes cartons avec lesquels nous nous faisions des cabanes. Il appartenait à une génération qui était restée profondément marquée par la guerre de 14-18. Soldat, il avait pris part à la bataille sanglante du Chemin des Dames. J'ai vu chez lui des reliques de la guerre, comme ces petits cendriers de fortune que les poilus se confectionnaient avec des éclats d'obus.

Il y a quelques années, un jour où j'étais aux Sables-d'Olonne pour une campagne électorale, j'ai aperçu au milieu de la foule un vieux monsieur qui me faisait de grands signes ; j'ai compris que, manifestement, il voulait me remettre quelque chose en mains propres. Je suis allé vers lui, il m'a tendu un petit objet. C'était un porte-clés du temps jadis où il était écrit : *Quincaillerie Fillon.*

La foi catholique et la fierté vendéenne jouaient un grand rôle dans cette branche de ma famille. Mon grand-père et mon père étaient presque aussi incollables que des historiens sur le déroulement des guerres de Vendée ; et je ne pouvais ignorer que la petite ville des Essarts où l'on nous emmenait pendant les vacances était restée dans l'histoire parce qu'elle avait été le théâtre d'une victoire du général Charette sur les républicains. Aussi loin que je me souvienne, je n'ai pourtant jamais eu le sentiment que cela voulait dire que les gens de ma famille restaient attachés à la monarchie et n'acceptaient pas la république. Ce qui comptait à leurs yeux, dans la légende des guerres de Vendée, c'était la défense de l'Église plutôt que du roi.

J'avais un jour accompagné Joël Le Theule – c'était à la fin des années 1970 – à l'inauguration du secteur piétonnier de Fontenay-le-Comte en Vendée. Le maire de la ville m'avait demandé si j'avais un lien avec un certain Benjamin Fillon, une célébrité locale qui avait donné son nom à une rue. Cela ne me disait rien, on ne m'en avait jamais parlé. À tout hasard, j'avais quand même appelé mon grand-père en rentrant chez moi ; lui saurait si cela pouvait être quelqu'un de notre famille.

Il m'avait répondu de manière assez cinglante – après un silence à l'autre bout du fil qui me parut interminable – en m'intimant de ne plus jamais prononcer ce nom devant lui. C'était en effet un lointain cousin, mais à qui l'on faisait grief de s'être enrichi – lui ou la branche de la famille à laquelle il appartenait – avec les biens du clergé confisqués à la Révolution. Crime impardonnable, qui le vouait à la géhenne pour l'éternité ! Je ne sais pas ce qu'il en est exactement ; mais ce qui est sûr, c'est que cet homme, qui était un érudit à la manière du XIXe siècle, à la fois magistrat, historien, numismate, archéologue, était aussi un républicain engagé : il avait été candidat à la Constituante en 1848, mais battu, et Gambetta avait failli le nommer préfet de la Vendée en 1870, fonction que, semble-t-il, il avait finalement refusée. Bref, il était d'un autre monde.

Du côté de ma mère, la généalogie est complexe et l'on retrouve les traces de la famille dans des lieux et des métiers étonnamment divers. Le père de ma mère était né et avait vécu dans la Sarthe. C'était un homme très intelligent, qui était parti pour faire de brillantes études, mais qui avait dû les interrompre rapidement ; sa mère était tombée gravement malade, les soins nécessaires étaient coûteux, et il avait fallu qu'il gagne sa vie sans attendre. Plus tard, il était devenu directeur du garage Peugeot du Mans. Il savait tenir un volant de course.

Il avait songé à courir les 24 Heures à la fin des années 1930, dans une Peugeot Darl'Mat, mais ma grand-mère l'en avait fermement dissuadé. Il n'est pas étranger à deux de mes passions, l'automobile et la photographie.

Il voyageait beaucoup et revenait avec des clichés en nombre. Avec lui, dans notre enfance, nous sommes allés en Espagne, au cours d'interminables périples en Peugeot 404 que l'on ponctuait par de longues haltes où l'on déployait nos tables de pique-nique au bord des routes – scènes typiques de la vie en France dans les années 1960. Mon grand-père avait un sens de la technique qui impressionnait son entourage ; je l'ai toujours vu bricoler toutes sortes d'appareils. Si j'ai moi-même une grande curiosité et même une sorte d'avidité qui fait sourire mes proches pour les nouveaux objets électroniques qui sortent, c'est encore de lui que je les tiens, certainement.

Ma mère avait – du côté de sa propre mère – des origines basques et en était fière. Entre la Vendée et le Pays basque, j'ai grandi sous l'influence de deux traditions d'indépendance très différentes l'une de l'autre, mais égales en force. Cette indépendance, au reste, était plutôt de l'ordre du sentiment que de la politique. L'affaiblissement de la France n'a jamais séduit mes parents de quelque manière que ce soit. Ils étaient au contraire très sensibles l'un et l'autre à l'idée nationale telle qu'elle était incarnée, défendue et mise en avant par le général de Gaulle. Ils avaient leur carte à l'UDR. S'il existait entre ma mère et mon père une divergence, elle relevait d'attitudes morales fondamentales. Disons que mon père préférait une injustice à un désordre, et que ma mère ne s'y résolvait jamais.

La vie familiale était rythmée par une alternance régulière entre la Sarthe et le Pays basque, entre les chemins détrempés des campagnes de l'Ouest et les sentiers escarpés où l'on avait en point de mire les sommets enneigés des Pyrénées. Quand j'avais une quinzaine d'années, mes parents firent l'acquisition d'une petite maison à Etchebar, dans la vallée de la Haute-Soule, sur les contreforts des Pyrénées. C'était une ancienne bergerie, aux aménagements très sommaires. Elle était un peu à l'écart du village, en pleine nature, sur un terrain en pente d'où l'on avait un panorama splendide. De là, nous pouvions nous engager dans de longues randonnées. Mon père m'en donna le goût. Quelquefois j'emmenais marcher mes frères, dont j'étais l'aîné, quelquefois je m'en allais seul et ne revenais qu'au soir. J'ai passé là des journées entières en tête à tête avec la nature. Ce Pays basque n'était pas mondain ; j'ai connu plus tard les stations de la côte, Biarritz, Saint-Jean-de-Luz, où je me suis toujours senti un peu dépaysé. Je les apprécie, mais je garde une préférence intime pour les solitudes de l'arrière-pays et pour les petits villages que l'on atteignait à la fin du jour, de l'autre côté de la frontière espagnole.

La Sarthe, où je suis né et où j'ai passé la plus grande partie de ma vie, n'a pas une histoire aussi épique que celle de la Vendée ou du Pays basque et ses paysages sont moins grandioses. Personne n'a jamais revendiqué son indépendance. Elle n'a ni montagnes ni plages de sable fin au bord de l'océan. Elle n'attire pas les touristes en masse. C'est un pays normal, si j'ose dire, un pays comme il y en a tant d'autres. Un pays d'équilibre, de modération, de tolérance. On n'y cherche pas à briller, on y goûte la vie sans bruit et sans fureur. Les amitiés qui se nouent là sont solides. J'aime ces paysages de collines douces qui se prêtent à l'ancestral travail de la terre par les hommes. Leur simplicité n'est pas monotone, car les jours et les saisons ne cessent d'en renouveler les nuances. De ma maison, je domine la vallée de la Sarthe qui serpente entre des champs cultivés aux couleurs changeantes et, là où les pentes sont plus raides, des bois et des taillis regorgeant de gibier. Plus loin, la vue me porte jusqu'à la forêt de la Grande-Charnie, à la frontière du département de la Mayenne, et plus loin encore, je peux apercevoir, par temps clair, les hauteurs des Coëvrons qui se dressent sur l'horizon.

Sablé-sur-Sarthe, dont j'ai été maire pendant près de vingt ans, est tout proche. C'est une petite ville fière et qui a bien des raisons de l'être. Au XIXe siècle, elle a su convaincre le pouvoir central de faire passer par elle la voie de chemin de fer reliant Paris à Nantes. En 1934, elle a élu le premier maire de couleur de l'histoire de la France métropolitaine, Raphaël Élizé. Raphaël Élizé était un vétérinaire né en Martinique qui s'était installé dans la région après la Première Guerre mondiale où sa conduite au combat lui avait valu les honneurs militaires. Il était apprécié pour son travail, il avait pris part à la vie locale, il fut élu parce qu'on pensait qu'il serait un bon maire, ce qu'il a été. Cela paraît tout simple, et pourtant c'était la première fois. Jamais des Français de métropole n'avaient élu un maire à la peau noire, et c'est dans cette campagne profonde, qui ne paie pas de mine, que cela s'est produit. Mais ce n'est pas si étonnant quand on connaît les gens du pays. Ils sont accueillants à tous ceux qui font preuve de bonne volonté et de qualités humaines. Ils font peu de cas des préjugés. Ils ont fait un choix qui nous semble rétrospectivement historique, mais ils l'ont fait sans tambour ni trompette, en apportant leurs suffrages avec simplicité à l'homme qui était à leurs yeux le plus juste et le plus compétent. Raphaël Élizé a doté la ville d'équipements modernes et en particulier de la première piscine de tout l'Ouest français. Il a été déchu en 1940, il est entré dans la Résistance, il est mort en déportation à Buchenwald. Oui, j'aime profondément ce territoire qui a toujours su qu'il ne pouvait compter que sur lui-même, qui est resté imperméable à la démagogie et aux surenchères de toutes sortes, et qui, l'air de rien, sous ses dehors conservateurs, a été une vraie terre de progrès.

Je n'ai plus de mandat politique dans la Sarthe. J'ai estimé qu'après tant d'années passées à la servir et à la représenter, il fallait savoir passer la main à temps et donner leur chance à d'autres. J'étais jeune quand je fus élu pour la première fois et je m'étais juré alors de ne pas ressembler plus tard à des politiciens d'âge canonique que je voyais s'accrocher à leurs mandats locaux comme s'ils leur étaient dévolus à vie. L'usure du pouvoir n'est pas un vain mot. Il importe de s'en prémunir en renouvelant les missions, les projets, les ambitions que l'on se donne. Et puis, au bout de cinq ans à Matignon, par la force des choses je n'avais plus une connaissance aussi détaillée qu'autrefois des problèmes, et le centre de gravité de ma vie familiale s'était déplacé vers Paris. Mon dernier fils y est scolarisé, mes enfants plus âgés y font leurs premières armes dans le monde du travail. Mais je sais que mes racines sont là-bas, dans la Sarthe, où je reviens chaque fois que je le peux, jusqu'au jour où je m'y établirai pour l'éternité.

V

Les sentiers et les circuits

Les longues marches dans les Pyrénées m'avaient donné envie de m'initier à l'alpinisme. Adolescent, je m'inscrivis à la section sarthoise du Club alpin français. La Sarthe, me dira-t-on, n'est pas réputée pour ses paysages de haute montagne. Il y a pourtant dans la région quelques sites de falaises où l'on peut s'exercer à l'escalade à un très haut niveau. Le plus connu est le canyon de Saulges, en Mayenne, que j'ai beaucoup pratiqué. Plusieurs figures importantes de l'alpinisme français sont d'ailleurs originaires de la Sarthe. Il y en a deux en particulier que j'ai côtoyées : Georges Véron, décédé il y a une dizaine d'années, qui s'était passionné pour les Pyrénées et qui a tracé un magnifique itinéraire d'altitude suivant la crête des montagnes, la « haute route pyrénéenne », abrégée en HRP dans le jargon ; et François Damilano, un glaciairiste que j'admire, qui a réalisé de très beaux films documentaires sur ses ascensions de cascades de glace.

Quand je n'étais pas en montagne, je lisais avec passion les ouvrages des grands alpinistes : Maurice

Herzog, Gaston Rebuffat, Lionel Terray, Pierre Mazeaud du côté des Français, et l'Américain Gary Hemming, le Britannique Chris Bonington, l'Italien Reinhold Messner. Ces livres, publiés pour la plupart chez Arthaud, qui était alors le grand éditeur des récits d'aventures, font partie de mes madeleines de Proust. J'étudiais des cartes d'état-major et des topo-guides. J'ai très rarement eu recours aux services de guides professionnels. J'ai toujours aimé tracer mes propres itinéraires et affronter la montagne dans la solitude.

Des grands noms que je viens de citer, Pierre Mazeaud est celui que j'ai eu le plus l'occasion de croiser, dans des circonstances qui ne sont d'ailleurs pas liées à la montagne, mais à son parcours de juriste et d'homme politique. Pierre Mazeaud est véritablement un alpiniste de première force. C'est aussi l'un des meilleurs écrivains de montagne. *Montagne pour un homme nu*, publié au début des années 1970, reste un livre remarquable. Mazeaud a été au cœur d'une évolution dans l'alpinisme. Auparavant, à l'ère des pionniers, l'on forçait la montagne, pour ainsi dire. Il a fait partie de ceux qui ont inventé un alpinisme plus esthétique, avec moins de matériel – l'alpinisme de « l'homme nu ». Il a toujours dégagé une force vitale impressionnante ; je l'éprouvais, quand je le rencontrais, à la puissance de ses mains.

J'ai eu l'ambition de gravir tous les sommets de 4 000 mètres des Alpes. Faute de temps, je n'ai jamais pu aller au bout de ce programme ; j'en ai accompli tout de même une bonne partie. Mais ce sont les Pyrénées que j'ai le plus arpentées. En partant d'Etchebar, le Vignemale, le pic du Midi d'Ossau, le pic Palas n'étaient pas très loin. Ces paysages restent pour moi ceux de la méditation, du recueillement et de l'effort. Ceux de l'apprentissage et des premières illuminations. Ceux de ma jeunesse, tout simplement. Et aussi – c'est une part de cette expérience que je ne peux occulter – des peurs, des confrontations initiatiques avec les risques que la montagne réserve quand on s'aventure sur ses territoires avec un peu trop de témérité, d'orgueil, ou de malchance.

C'est dans les Pyrénées que j'ai l'un de mes souvenirs d'alpinisme les plus marquants, celui d'une ascension où j'ai bien failli laisser ma peau. Cela se passait au milieu des années 1970. J'étais jeune, j'avais à peine plus de vingt ans. Mais je me souviens que je travaillais déjà avec Joël Le Theule à l'époque. On était au mois de septembre ; c'est la meilleure saison. J'avais un ami qui était en vacances dans la région et je lui ai proposé de monter avec moi au pic du Balaïtous, au-dessus de Lourdes. Je suis allé le chercher dans ma 4L avec tout le matériel nécessaire. Le Balaïtous est un sommet haut d'un peu plus de 3 000 mètres, à l'ouest de la chaîne des Hautes-Pyrénées. En soi, cette ascension n'était pas particulièrement ardue. Mais l'ami qui m'accompagnait n'était pas très expérimenté ; il n'avait jamais fait de haute montagne. J'avais choisi une voie qui n'était pas la plus simple. À un moment, pas très loin du sommet, nous nous sommes engagés dans un couloir de neige qui était barré, en haut, par un rocher. Il fallait passer le surplomb de ce rocher et se rétablir par-dessus. J'ai manqué ma prise, et là je suis parti dans une chute à pic où j'ai pensé que tout était fini – car si nous étions encordés, je ne voyais pas comment mon ami saurait trouver les bons réflexes pour me retenir. Et pour comble de malheur, je l'entraînerais lui aussi dans l'abîme, lui que j'avais imprudemment emmené avec moi. Je suis tombé de vingt mètres et je ne sais par quel miracle il a réussi à stopper ma chute. Évidemment, il était pétrifié, et on a mis beaucoup de temps à redescendre par la même voie, avec la neige et la glace qui commençaient à fondre sous le soleil de midi. On est arrivés sains et saufs, mais très secoués.

Ma pratique du sport automobile s'est développée beaucoup plus tard. Enfant, j'avais été emmené par mon grand-père maternel aux 24 Heures du Mans, puis j'étais souvent allé voir les voitures de l'écurie Austin-Healey qui prenait chaque année ses quartiers en face de l'école communale où j'étais élève. Adolescent, avec la troupe scoute du collège, j'avais fait partie des petites mains qui apportaient toutes les heures les feuilles de résultats dans les stands, où se mêlaient au petit matin l'odeur des huiles de moteur et celle du café serré que les ingénieurs et les stratèges se servaient à grandes rasades pour lutter contre le sommeil.

Mais jusque dans les années 1990, je n'avais jamais tenu un volant de course. Ce qui m'a donné l'occasion de le faire, c'est d'une certaine manière mon élection à la présidence du conseil général de la Sarthe, en 1992. L'Automobile Club de l'Ouest était à ce moment-là en grande difficulté financière. Or il était l'organisateur des 24 Heures du Mans, dont l'existence fut d'autant plus menacée que la Fédération internationale automobile ne s'est pas précipitée pour apporter son soutien ; son président, Jean-Marie Balestre, qui ne jurait que par la Formule 1, était très tenté de marginaliser l'endurance et même de la laisser mourir, ce qui n'aurait pas manqué d'arriver si cette course emblématique s'était arrêtée. Ce sont donc les élus qui se sont mobilisés pour sauver la course. On a créé une société d'économie mixte qui a repris les biens du club et s'est chargée d'organiser l'événement. Pendant une dizaine d'années, étant président du conseil général de la Sarthe, je me suis retrouvé *de facto* responsable de la tenue des 24 Heures par l'intermédiaire de cette société d'économie mixte. Par la suite, la situation du club s'est redressée et l'on a pu de nouveau lui confier les rênes de la course.

Le fait d'être très régulièrement en contact avec des professionnels du sport automobile m'a donné l'envie et l'opportunité de prendre des leçons de pilotage. Je me suis formé au Mans avec les instructeurs de l'ACO, qui sont parmi les meilleurs ; ce sont d'ailleurs eux qui forment les gendarmes du GIGN à ce qu'on appelle pudiquement la « conduite rapide ». Puis j'ai piloté des monoplaces de compétition – notamment des Formule Renault Campus et des Formule 3000 – au cours de séances privées sur circuit. J'ai noué des liens d'amitié avec des directeurs d'écurie comme Yves Courage, qui construisait dans la Sarthe des prototypes qui ont gagné plusieurs fois les 24 Heures dans leur catégorie, Jean-Paul Driot, un très grand découvreur de talents, Hugues de Chaunac, le fondateur d'ORECA qui a engrangé, depuis ses débuts en 1973, un palmarès remarquable. J'ai eu des discussions passionnées avec des pilotes dont j'avais admiré les performances dans ma jeunesse : je pense à Jean-Claude Andruet, champion de France et d'Europe des rallyes en 1970, vainqueur du Monte-Carlo en 1973, et qui a aussi remporté les 24 Heures dans sa catégorie ; à Jacky Ickx, six fois victorieux au Mans, et avec cela le palmarès le plus éclectique, le plus complet du sport automobile, un être hors normes qui me fascinait quand j'étais adolescent et qui m'impressionne toujours quand je le revois, un aventurier-gentleman qui vit désormais une grande partie de l'année au Mali, dans une maison éloignée de tout, sans eau courante ni électricité ; à Henri Pescarolo, dont le destin se mêle à l'histoire des 24 Heures, que j'ai rencontré pour la première fois il y a plus de trente ans et qui m'a toujours aidé, conseillé, encouragé avec bienveillance – mais sans me ménager – dans mon apprentissage de la conduite sur circuit.

J'ai pris part depuis le milieu des années 2010 – essentiellement au Mans mais aussi à Spa – à des compétitions qui rassemblent des voitures des années 1960 et 1970. J'ai eu la chance de piloter des machines superbes, des Ferrari (une 275 GTB et une 250 SWB), une BMW M1, une Alfa Giulietta SZT, une Alpine A210 et une Bizzarrini GT5300. Mes concurrents sont des amateurs éclairés ou d'anciens coureurs qui viennent se faire plaisir en prenant le volant de voitures légendaires. Je ne me bats pas pour les premières places, je l'avoue sans honte, cependant je tiens mon rang honorablement. J'ai l'esprit de compétition, j'aime résister à un adversaire tenace qui me remonte, ou guetter l'ouverture dans laquelle je foncerai pour dépasser celui qui me devance, mais je ne me suis jamais pris pour un pilote de course. Je mesure et respecte beaucoup trop l'engagement total – physique et intellectuel – que se sont imposé pendant de longues années ceux qui ont fait le choix de cette vocation. Cela prend toute une vie. Je connais mes limites. Ma curiosité et mon émerveillement n'en sont que plus grands, lorsque les vrais professionnels me révèlent les principes généraux de leur technique ou me confient leurs secrets de conduite. J'en sais assez maintenant pour être réceptif aux petits détails qui singularisent le style de chacun, et pour ne pas sourire des rituels personnels ou des gris-gris que parfois ils m'avouent.

Je suis conscient que mon intérêt pour le sport automobile détonne dans le milieu politique, d'autant que je ne l'ai jamais caché et que je continue à le cultiver au grand jour. Maurice Herzog et Pierre Mazeaud ont donné à l'alpinisme ses lettres de noblesse politiques. Quand on aime la navigation à voile, on peut invoquer le patronage de Gaston Defferre, de Félix Gaillard, de Michel Rocard, d'Edward Heath en Angleterre et même de Kennedy. L'automobile me voue à une bien étrange solitude. Elle est à la fois trop populaire et pas assez démagogique, paradoxe effrayant pour ceux qui sont prêts à modeler leur âme d'après je ne sais quel portrait-robot du politicien en devenir. À part l'ancien président Georges Pompidou – qui aimait bien les voitures, mais qui à ma connaissance ne s'est jamais aventuré sur un circuit –, je ne vois pas dans notre histoire récente de grande figure que je pourrais invoquer pour justifier cette lubie et lui donner du lustre. Peu importe. Il serait plus décisif à mes yeux de savoir en éclairer les significations profondes, la puissance esthétique ou la valeur morale. Ce n'est pas une tâche facile. On sait bien que les choses auxquelles l'on s'adonne avec passion ou ferveur ne sont pas toujours celles qu'on sait le mieux observer objectivement et traduire dans un langage de raison. Rouler à près de 300 km/h dans une grande ligne droite, prendre un virage en traçant l'arc-de-cercle optimal et se relancer à fond, déboîter pour passer – juste avant que la fenêtre ne se referme – l'autre voiture dont on pourchassait la roue, ce sont des sensations qui d'une certaine manière n'ont pas d'autre raison d'être que leur propre intensité. C'est quelque chose qui prend aux tripes. C'est de l'adrénaline pure, c'est en même temps un état d'extrême concentration, physique et mentale, et c'est aussi la jouissance éphémère qui couronne un long, un très long effort de préparation.

Je ne feindrai pas d'en tirer une métaphysique de la vitesse. Je regrette juste que certains de nos contemporains ne conçoivent plus d'autre grand dessein pour l'humanité que celui de tout ralentir. Notre époque est beaucoup moins bienveillante pour l'idée de la vitesse qu'on ne l'était quarante ou cinquante ans plus tôt. Il y avait assurément des excès à modérer, des mises en garde à exprimer, des insouciances à refréner. Rares étaient ceux qui s'inquiétaient alors de notre dépendance au pétrole et des fumées dans lesquelles nos villes étouffaient de plus en plus. Parmi les premiers écologistes, il en est qui furent courageux et visionnaires. Beaucoup sont ensuite tombés dans d'autres excès, excès de prudence, excès de pessimisme ou excès d'idéologie. J'ai tendance à croire, naïvement sans doute, que le fait d'aller plus vite d'un point A à un point B constitue encore une forme de progrès légitime et souhaitable – cette conviction a d'ailleurs une portée générale qui est indépendante de la conduite sportive et je la soutiendrais même si je n'avais jamais tenu un volant de course !

L'alpinisme est fait de lenteur et de méditation, le pilotage de vitesse et de concentration. Peu d'activités semblent plus antagonistes en apparence. Elles se rejoignent pourtant dans la confrontation au risque et dans la discipline que cela impose. Une seule seconde d'inattention et c'est la chute, ou le crash.

On me demande assez souvent comment il se fait qu'étant en apparence si calme je prenne plaisir à conduire des bolides. Le cliché de la brute épaisse qui appuie sur le champignon a la vie dure, et pourtant il suffirait d'un peu de bon sens ou d'imagination pour le battre en brèche. En réalité les pilotes excités ou nerveux sont très rares, et ils ne sont pas les mieux armés ni pour parvenir au plus haut niveau ni pour s'y maintenir longtemps. Ceux que j'ai rencontrés sont des gens très fins dont émane une extrême maîtrise de soi. Ils mènent leur vie avec une méticulosité impressionnante en ne laissant pas grand-chose au hasard. J'ajoute qu'ils dégagent une impression de profonde humanité, que semble développer la fréquentation du danger. Malgré toutes les précautions qu'ils prennent, malgré l'interminable préparation à laquelle ils se soumettent, ils ne sont pas à l'abri d'un mauvais hasard, d'un coup de fatigue, d'une très légère imprudence commise dans une seconde de relâchement, mais qui pourra avoir des conséquences dramatiques ; et ils le savent. Ils ont beau contrôler un maximum de choses, une part de leur vie est abandonnée au destin.

En politique aussi, il faut faire la part du destin dans les cheminements et les trajectoires. On s'y confronte à des forces dont l'échelle de grandeur dépasse la mesure d'un individu. Qu'elles vous portent ou vous résistent, il faut savoir composer avec elles. On cherche à connaître ses limites pour mieux les repousser, jusqu'au jour où le temps referme définitivement le cercle des possibles et donne à une vie d'homme un contour qu'elle ne franchira plus. À certains moments la politique évoque la patience et la solitude des sentiers, à d'autres moments la vitesse et l'entrechoquement des circuits.

En démocratie, les hommes politiques sont des compétiteurs. À plus de vingt reprises, je me suis présenté à des élections. J'ai gagné, j'ai perdu. À chaque fois, j'ai ressenti cette totale remise en cause qui précède l'instant du départ. J'ai appris à ne pas me laisser griser par les victoires et à tirer des enseignements de mes défaites. Mais gagner une élection n'est jamais une fin en soi. Les campagnes sont des périodes intenses, tellement intenses que l'on oublie parfois que le vrai travail commence après elles. C'est une autre compétition qui s'engage alors, plus difficile, plus insaisissable et pourtant plus cruciale. Une épreuve où la maîtrise de soi importe davantage que la supériorité sur un adversaire. Les vertus du vainqueur ne sont pas forcément les vertus de celui qui gouverne, qui représente, qui décide, dans le temps long d'un mandat. Entre vitesse et patience, entre accélération et prudence, entre décisions immédiates et réflexions sur l'avenir, l'homme d'État est celui qui sait affronter les circonstances les plus imprévisibles et les forces les plus écrasantes en usant de toutes les ressources de l'expérience.

VI

« Pourquoi feriez-vous demain ce que vous n'avez pas fait hier ? »

Depuis plus de trente ans, je prends part à la vie politique de mon pays. Je suis devenu député l'année où François Mitterrand a été élu président de la République, j'ai été dans le gouvernement d'Édouard Balladur, j'ai été ministre de Jacques Chirac, j'ai été le Premier ministre de Nicolas Sarkozy. J'ai exercé à peu près tous les mandats électifs qui peuvent jalonner une carrière politique : maire, député, sénateur, président de conseil général, président de conseil régional.

On me dit souvent : « Vous avez été au pouvoir, pourquoi feriez-vous demain ce que vous n'avez pas fait hier ? »

Je ne dissimule pas, je ne renie pas cette longue expérience, d'abord parce que je crois que l'expérience est en général – indépendamment de mon cas personnel – nécessaire pour diriger un grand pays comme la France. À vrai dire, nous n'avons qu'un seul exemple d'un président élu sans jamais avoir auparavant exercé de responsabilités ministérielles, même les plus humbles : c'est celui de François Hollande, et cet exemple ne plaide pas en faveur de l'inexpérience. Non pas que François Hollande ait été un novice : il connaissait son parti sur le bout des doigts, après plus de trente ans passés dans ses couloirs ; mais il ne connaissait que lui, et naturellement son département de la Corrèze, où sa gestion avait reposé à plein sur le couple infernal subventions-endettement. Le degré d'impréparation – pour ne pas dire d'amateurisme – de cet homme et de ses équipes est allé loin. Malgré la bonne volonté manifestée par tel ou tel acteur isolé, ce quinquennat laissera le sentiment d'un immense gâchis. Nous avons perdu beaucoup de temps au moment précis où nous avions besoin de relancer la machine au plus vite.

Je peux dire ensuite qu'à partir du moment où j'ai été amené à participer à des gouvernements, je me suis efforcé de faire aboutir des réformes qui étaient déjà dans l'esprit du programme de redressement que je présente aujourd'hui. Je ne redoute aucune interrogation sur ma cohérence, sur la continuité de mes engagements. Tout au long de mon parcours, j'ai voulu m'attaquer dans la mesure des moyens qui m'étaient accordés à des dossiers dont l'enjeu était la modernisation de la France. J'ai mené à bien la privatisation de France Télécom, une première réforme des retraites en 2003, une loi sur l'école qui fait encore référence aujourd'hui. J'ai fait face à des manifestations, je me suis battu pour défendre mes positions, y compris contre ceux qui étaient alors à la tête de l'État. Parfois j'ai dû reculer – une fois surtout, en réalité, quand j'ai voulu réformer le baccalauréat et que le président Chirac m'a intimé de renoncer. Je l'assume aussi : la vie politique implique un sens des responsabilités dans lequel doivent nécessairement entrer, outre la fermeté des convictions personnelles et la mise en accord de ses convictions avec ses actes, une loyauté envers le chef de l'État, un devoir de cohésion à l'égard de son propre camp, un respect de nos institutions.

Je n'ai jamais renié le gaullisme de ma jeunesse, j'ai ce respect de nos institutions qui font partie de son héritage. Elles sont ainsi faites qu'elles concentrent le pouvoir entre les mains du président de la République qui détient la légitimité suprême, celle du suffrage universel. Sans exclure la possibilité de modifier notre Constitution, j'ai toujours défendu la primauté du président de la République qui en est l'essence et qui était au cœur de l'intuition du Général quand il a aboli la IVe République. Faute d'avoir clairement désigné le détenteur d'une autorité suprême, celle-ci avait plongé la France dans une situation de paralysie, d'instabilité et de cacophonie. Je crois aujourd'hui encore en la vertu d'un système où la hiérarchie des responsabilités est clairement établie ; celui-ci n'est pas le plus mauvais que la France ait connu dans son histoire.

On a ironisé parce que, juste avant de passer cinq ans à Matignon, j'ai laissé entendre que cette logique présidentielle devrait à terme aboutir à ce qu'un jour la fonction de Premier ministre disparaisse – ou, plus exactement d'ailleurs, à ce que le Premier ministre devienne un vice-président proche de ce qui existe aux États-Unis. Je ne regrette pas cette analyse avec laquelle mon expérience ne s'est pas révélée si contradictoire ! Une certaine ambiguïté plane sur les marges de manœuvre exactes du Premier ministre, une ambiguïté que la personnalité archi-dominante du général de Gaulle avait empêché de laisser apparaître au début et qui doit être tranchée – que j'ai tranchée – en référence à l'esprit de nos institutions.

J'ai perçu cette ambiguïté en situation, je la perçois dans le regard des commentateurs qui tantôt présentent l'ancien Premier ministre de Nicolas Sarkozy comme un malheureux exécutant incapable d'initiative, tantôt le rendent responsable à parts égales avec le président des décisions prises par le chef de l'État – et laissent entendre alors qu'il aurait pu ou dû aussi bien mener sa propre politique, s'il en avait une ! Certains Premiers ministres ont dans le passé cru qu'ils pourraient mener une politique en leur nom en bousculant l'Élysée ; à chaque fois cela s'est mal terminé, parce que tel n'était pas l'esprit des institutions, qui exclut qu'un rapport de concurrence s'établisse entre le chef du gouvernement et le chef de l'État. Respect des institutions, devoir de cohésion à l'égard de ma famille politique, loyauté envers le président élu : pendant le quinquennat de Nicolas Sarkozy, ces principes, je l'ai dit, ont guidé mes choix et mon action de bout en bout.

Aurais-je dû jouer une carte personnelle ? Aurais-je dû quitter Matignon plus tôt ? Aurais-je dû tenter de tirer profit pour moi-même de la popularité faiblissante de Nicolas Sarkozy ? Je me suis refusé à l'envisager. L'unité de notre camp n'y aurait probablement pas survécu. Et puis ce n'était pas comme si nous avions joué aux échecs ou au poker : au-delà des stratégies individuelles auxquelles la politique est trop souvent réduite, il y avait des enjeux cruciaux. J'aurais eu le sentiment de me soustraire à la mission difficile que nous étions en train de mener. J'aurais eu le sentiment de la parasiter alors que nous n'avions pas de temps à perdre. Un quinquennat est vite passé. Il fallait en tirer le plus grand bénéfice possible pour notre pays. Si j'avais fait un geste pour attiser la division, si j'avais fragilisé ce quinquennat, qu'aurait-on dit ? Que j'aurais fait perdre du temps à la France ? Que j'aurais créé du trouble, de la paralysie, en attendant de tirer mon épingle du jeu ? Non, je ne le voulais pas et je n'ai à aucun moment regretté mon choix de rester aux côtés du président Sarkozy.

La loyauté institutionnelle et personnelle qui a été la mienne au cours de son mandat m'inspire aussi mon attitude concernant le bilan de ces cinq années – bilan auquel la majorité socialiste n'a cessé de renvoyer, d'une manière emphatique et fallacieuse, pour masquer ses propres incapacités. J'étais son Premier ministre : si je m'appropriais ce bilan, on me blâmerait ; si je le reniais, on me le reprocherait aussi. Je ne m'approprie pas ce bilan : c'est le sien. Je ne renie pas ce bilan : c'est le nôtre. J'assume totalement le fait d'y être associé. Je n'aurais pas quitté Matignon pour des raisons de stratégie individuelle, je l'aurais fait si j'avais été fondamentalement en désaccord avec les orientations qui étaient prises.

Je ne veux pas dire : c'est le mien, car à la fin des fins, le chef de l'État assume seul le jugement de son action par le peuple qui l'a élu. L'opinion, les institutions, l'histoire lui imputent tout. Pour la même raison je ne veux pas dire : ceci est plutôt à lui, cela est plutôt à moi. Et je ne veux pas dire : ah ! s'il n'avait tenu qu'à moi... Oui, je suis fier par exemple que nous ayons fait la réforme de la représentativité syndicale – sujet en apparence modeste, en réalité fondamental – et l'autonomie des universités. Oui, j'aurais voulu supprimer l'ISF, abolir les trente-cinq heures, relever davantage l'âge de la retraite. Mais il ne m'appartient pas de réécrire le quinquennat ni de sélectionner une partie du bilan qui me siérait le plus.

Ce bilan, c'est d'abord un grand mouvement de réformes lancé au sein de nos structures administratives avec la volonté de simplifier ce qui était complexe, de rapprocher ce qui était séparé, de réunir ce qui était dédoublé, de supprimer ce qui était inutile. Toutes ces réformes n'ont peut-être pas été parfaites, toutes n'ont peut-être pas abouti aussi loin qu'il aurait fallu, mais elles ont montré que notre pays était capable de se rénover. Ce bilan, c'est le service minimum dans les transports, c'est l'invention de l'autoentrepreneur. Ce bilan, c'est aussi la résistance à la plus terrible crise économique que le monde ait connue depuis 1929. Les banques sauvées, l'épargne des Français sauvée. Des milliers de PME sauvées. Notre industrie automobile sauvée. La monnaie européenne sauvée. Ce bilan, c'est la France au premier rang des initiatives dans toutes les négociations internationales, dans toutes les réunions de crise à l'échelle du continent et du monde.

Il faut se souvenir de la France de 2007. Après le non au référendum en 2005, notre voix en Europe n'était plus entendue. Après les émeutes dans les banlieues, notre pacte républicain était profondément ébranlé ; l'image de la France, dans les médias du monde entier, fut un temps celle d'un pays dont les rues étaient en feu. La France doutait et semblait avancer à pas de plus en plus petits. Nombreux étaient ceux qui croyaient que le vent de l'Histoire ne soufflait plus sur notre pays, que l'avenir avait élu domicile ailleurs, que Paris n'était plus l'une de ces capitales où se joue le destin du monde.

Autour de nous, en Europe, de nouvelles ambitions s'affirmaient et les puissances traditionnelles avaient entamé des transformations importantes pour se maintenir au premier rang, des transformations que la France, au fil des ans, n'avait cessé de reporter au lendemain. L'Espagne était en plein essor, l'Irlande faisait figure de nouvel eldorado. L'Allemagne émergeait d'une réforme de son État-providence très profonde, très difficile, très courageuse, qui commençait à la faire sortir de plusieurs années difficiles. Londres était depuis plusieurs années la ville lumière de la finance mondiale. Beaucoup de choses ont changé avec la crise. En 2007, la France était la sixième puissance économique mondiale, derrière le Royaume-Uni. Au cours du quinquennat, la France est redevenue la cinquième puissance mondiale, devant le Royaume-Uni qui a beaucoup souffert de la crise, beaucoup plus que nous. L'Espagne s'est retrouvée avec un taux de chômage de presque 25 % ; l'Italie n'est pas passée loin du gouffre.

Je sais que pour les Français qui ont été durement atteints par la crise, ces comparaisons apparaissent lointaines. Mais je ne veux pas qu'on oublie l'action considérable qui a été menée en pleine tourmente pour préserver l'essentiel. Et je n'accepte pas d'être renvoyé dans les cordes du bilan de Nicolas Sarkozy comme s'il s'agissait là de je ne sais quelle infamie ! Surtout de la part de ceux qui dans les mêmes circonstances n'auraient peut-être pas obtenu les mêmes résultats – et qui maintenant qu'ils sont au pouvoir sont en train d'affaiblir les positions favorables que nous avions conquises de haute lutte ! Aujourd'hui, au bout de quelques années d'efforts, les pays européens qui avaient été les plus durement touchés par la crise se retrouvent dans des situations parfois plus saines que la nôtre ; le Royaume-Uni est repassé devant nous au classement des puissances économiques ; et c'est la France qui fait figure de mauvais élève du continent parce qu'elle retombe dans ses vieux travers.

Cet échec était programmé. Il était tout entier contenu dans l'imposture de la campagne présidentielle de François Hollande. Il a hélas été amplifié par l'amateurisme, l'ignorance et l'aveuglement idéologique de la majorité socialiste, comme en témoigne l'incroyable affaire de la pénibilité. La gauche a combattu toutes les réformes des retraites depuis trente ans. Elle a voté contre le passage à quarante annuités pour une retraite du régime général à taux plein. Elle a refusé l'alignement des durées de cotisation des fonctionnaires sur celles des salariés. Elle a dénoncé le passage à soixante-deux ans de l'âge légal de départ à la retraite en 2010 et s'est engagée à l'abroger dès son retour au pouvoir. Il n'en fut rien, évidemment. Pourtant, les socialistes croient toujours être les détenteurs exclusifs du progrès social ! Ils se sont enivrés de leurs discours au point d'en perdre la raison.

Pour tenter de faire oublier son reniement sur le retour à la retraite à soixante ans, François Hollande a imaginé de prendre en compte la pénibilité du travail. Il a imaginé avec son gouvernement la plus incroyable usine à gaz de toute notre législation sociale. Lors des débats à l'Assemblée nationale sur la réforme de 2003, les socialistes réclamaient déjà la prise en compte de la pénibilité. Avec les partenaires sociaux, nous avions recherché des critères objectifs pour définir cette notion. Le seul qui ne souffrait d'aucune critique était celui de l'espérance de vie. Les études montraient que les professions exposées aux intempéries, les agriculteurs, les couvreurs, les maçons, vivent en moyenne moins longtemps que les autres, tandis que les curés et les enseignants ont les plus longues perspectives. Le débat tourna court puisqu'il aurait fallu demander aux enseignants de travailler plus tard pour que les ouvriers du bâtiment puissent partir en retraite plus tôt. Inconcevable ! Depuis le vote de la loi instaurant un critère de pénibilité pour déterminer les conditions du départ à la retraite, le gouvernement va de recul en renoncement, car il est impossible de déterminer sérieusement l'exposition à des conditions de travail pénibles et leurs conséquences sur la santé de chaque salarié. Il essaie néanmoins de sauver la face en imposant aux employeurs un impossible travail d'analyse et de déclaration qui ne sera qu'une source de frustrations, d'injustices et d'interminables contentieux.

Le président qui prône la simplification de la vie des entreprises aura accru comme personne avant lui la complexité à laquelle elles sont confrontées.

VII

Avec Nicolas Sarkozy

Beaucoup de choses ont été dites sur l'état des relations entre Nicolas Sarkozy et moi-même au cours de son mandat présidentiel. Certains ont voulu grossir des épisodes insignifiants pour vendre au public des scénarios de tragédies shakespeariennes. Les chroniqueurs ont besoin de drame ! Des petites phrases ont été montées en épingle ; quelques intrigants qui voulaient se donner de l'importance ont soufflé sur les braises. À en croire les journaux, nous étions tout le temps « en guerre », « en froid », « au bord de la rupture », etc. Le vocabulaire employé évoquait davantage le dialogue Kennedy-Khrouchtchev au moment de la crise des missiles de Cuba que la collaboration de deux dirigeants issus du même parti politique et désireux de concrétiser leurs ambitions pour leur pays. Nous savions que les responsabilités du pouvoir exposent fatalement à des tensions que les observateurs guettent et exagèrent à plaisir. Ni lui ni moi, nous ne nous sommes laissé prendre au piège de ces récits où l'imagination comblait les lacunes des rumeurs et des commérages, et dont le but essentiel était de faire advenir pour de vrai cette rupture qu'ils prétendaient déceler dans le moindre froncement de sourcils.

La réalité était moins romanesque. Nos rapports ont été solides, francs. Nous avons eu des discussions vives, des désaccords et même des discordes, évidemment. Nous savions les solder en tête à tête. Je n'ai jamais voulu que nos débats soient mis sur la place publique, ni accepté de les laisser transparaître par des voies obliques. J'ai toujours pris soin de lui réserver mes réflexions, mes critiques ou mes réticences. Il avait derrière lui la légitimité du suffrage universel ; je savais quel était mon rôle et je ne voulais pas donner le sentiment de l'outrepasser. À deux reprises au début du quinquennat, je lui ai présenté ma démission parce que ses griefs à mon encontre risquaient de nuire dangereusement au fonctionnement de l'État. Ce fut notamment le cas en septembre 2007 quand, après ma sortie sur la faillite des finances publiques, l'entourage du président de la République ne retenait plus ses coups et critiquait ouvertement mon action. À la veille des journées parlementaires de l'UMP à Strasbourg, nous eûmes une conversation téléphonique orageuse que je ne pus conclure que par l'offre de ma démission. Je l'ai fait de manière spontanée, sans protocole, sans pression de sa part, avec le souci de lui être utile et de servir notre majorité. Je l'ai fait dans le secret de nos entrevues et rien n'en a filtré alors. Agiter officiellement cette menace n'aurait pas été conforme à l'idée que j'avais de ma fonction. À chaque fois il a écarté cette hypothèse sans se jouer d'artifices ;

à chaque fois le débat sincère que nous avons eu autour de cette option a relancé notre tandem.

Et finalement, nous avons travaillé ensemble pendant cinq ans, résistant aux déstabilisations insidieuses, faisant face à des situations de crise où nos liens n'ont pas éclaté et se sont plutôt renforcés. Le temps, les épreuves ont joué en notre faveur et amélioré nos rapports. Nos frictions les plus pénibles sont intervenues au début du quinquennat. Il cessa par la suite de prêter l'oreille à certains de ses conseillers qui semblaient consommer un temps précieux – ou meubler leur oisiveté – en l'excitant contre moi en permanence, de sorte qu'à la fin ils s'en lassèrent eux-mêmes. La tourmente économique que nous avons affrontée acheva de balayer les considérations les plus futiles. Le fait – inédit sous la Ve République – que notre collaboration ait duré tout au long du mandat, de manière exclusive, alors que les autres présidents ont toujours nommé plusieurs Premiers ministres, témoigne non seulement de notre accord sur l'essentiel, mais d'une volonté de stabilité trop rare dans notre vie politique et que l'on doit mettre à son crédit. L'une des clés de cette stabilité a certainement été la confiance dont j'ai bénéficié tout au long du quinquennat de la part de notre majorité. Au Parlement, j'étais respecté par mon camp – et aussi, pour d'autres raisons, par la gauche. Tous les Premiers ministres n'ont pas eu ce privilège.

Quant à la différence de nos tempéraments, que les commentateurs rappelaient sans cesse pour essayer de nous dresser l'un contre l'autre, elle semblait au fond appréciée de l'opinion, comme s'il y avait eu là une complémentarité fructueuse au sommet de l'État. Cela aussi a sans doute contribué à la longévité de notre association. On a beaucoup parlé de nos contrastes apparents. Il était le Parisien, moi le provincial ; lui l'hyperactif, moi le flegmatique ; lui le bling-bling, moi l'austère ; lui l'ami du show-biz, moi le fils de notaire, etc. Le stock était inépuisable !

La réalité était plus complexe, plus surprenante parfois. J'ai vu Nicolas Sarkozy souffrir et douter ; je l'ai vu étrangement pondéré, presque contemplatif, quand tout s'agitait autour de lui ; je l'ai vu sensible, prévenant, capable sur des sujets inattendus d'une culture qui prenait tout le monde de court, à rebours du personnage de plébéien teigneux qu'il avait cru devoir se forger pour conquérir le pouvoir, mais dans lequel il s'est probablement trop enfermé pour le conserver. Lui qu'on dit imprévisible et sans un regard pour le passé pouvait se montrer soucieux d'honorer de vieilles promesses que d'autres grands fauves politiques auraient oubliées aussitôt faites. Et la prudence que l'on était enclin à m'attribuer fut régulièrement de son côté plutôt que du mien. Sur certains sujets – trente-cinq heures, réforme des retraites, réduction des déficits –, j'aurais voulu que nous allions plus loin. J'étais prêt à assumer devant l'opinion et devant le Parlement des choix tranchés, impopulaires. D'une certaine façon, il semblait chercher le compromis comme s'il craignait le procès en extrémisme que ses adversaires n'ont cessé de lui intenter. Il lui répugnait de ne pas être aimé.

Cela fit de lui un extraordinaire combattant, mais un homme d'État vulnérable aux humeurs de l'opinion. Je suis moins malléable, moins perméable. Mon énergie entretient ma ténacité, me rend plus indifférent à l'écume des choses, à l'air du temps ; la sienne appelle l'immédiateté, aspire à la séduction dans l'instant. La hantise qu'il avait de son image freina sa capacité de mouvement, tout en le poussant à essayer des options divergentes qu'il abandonnait l'une après l'autre avant de les avoir menées à terme. Au moment de passer à l'action, il hésitait à prendre des risques, alors qu'il avait su apparaître dans ses discours comme un homme que rien ne pouvait arrêter. Par rapport aux portraits qui étaient faits de nous, notre complémentarité s'est trouvée ainsi, plus d'une fois, à fronts renversés.

Jusqu'à la préparation des élections de 2007, Nicolas Sarkozy et moi avions eu des trajectoires parallèles qui, tout en présentant de nettes similitudes, s'étaient longtemps observées à distance et par moments entrechoquées. Moins d'un an nous sépare. Je suis entré à l'Assemblée nationale en 1981 à vingt-sept ans, élu député de la Sarthe dans la circonscription qui avait été celle de Joël Le Theule. La mort de Le Theule m'avait bouleversé et j'avais été ému d'être jugé digne par les électeurs de prendre sa succession. À ce moment-là, je ne connaissais pas Nicolas, qui n'avait pas été candidat aux législatives. C'est un peu plus tard, en 1983, qu'il signa par un coup d'éclat son entrée précoce sur la scène politique, en emportant la mairie de Neuilly à vingt-huit ans, après avoir imposé sa candidature à Charles

Pasqua qui était considéré comme son mentor. L'audace et l'intrépidité dont il fit montre dans ces circonstances impressionnèrent certains cadres du RPR et l'on commença à murmurer son nom en se disant qu'il aurait probablement de l'avenir.

L'un de nos tout premiers contacts eut lieu peu après les législatives de 1986, à Neuilly justement. J'avais été élu à la tête de la commission de la défense à l'Assemblée nationale – j'étais alors le plus jeune président de commission de la Ve République – et il m'avait invité dans sa ville à animer une réunion politique où l'on débattrait de ce thème de la défense en présence de jeunes du RPR. Mais le débat tourna court – du moins avec lui ! Je me souviens qu'après m'avoir brièvement présenté, il fila à l'anglaise, me laissant seul face à la salle. Je fus déconcerté, trouvant cela légèrement cavalier, mais peu importe, car je passai une soirée agréable à exposer les sujets qui me tenaient à cœur ; je ne lui en ai pas voulu. Ce fut ma première expérience du caractère de cet homme surprenant de son énergie qui ne s'embarrasse pas toujours des autres, de sa capacité à lancer des choses qui lui fait oublier quelquefois d'en soigner l'achèvement.

Nous avons eu notre première expérience gouvernementale en 1993, auprès d'Édouard Balladur dont nous étions les deux plus jeunes ministres. Nicolas Sarkozy avait le portefeuille du Budget et moi celui de l'Enseignement supérieur et de la Recherche. Indépendamment de toute question de personne, ces situations respectives créent entre ceux qui s'y trouvent des tensions de nature purement institutionnelle, et elles nous ont valu des échanges pour le moins vifs au cours desquels chacun défendait ce qu'il estimait devoir revenir à son ministère. C'est alors que j'ai connu les colères de Sarkozy, ces colères qui vous font tenir votre téléphone à bout de bras pendant de longues minutes, le temps que passe l'orage.

Nous avons admiré l'art avec lequel Édouard Balladur arbitrait, tranchait, décidait ; c'était toujours clair, précis, efficace ; il avait le jugement rapide, tout en ne donnant jamais l'impression de céder à quelque pression extérieure que ce soit. Un sentiment de grande maîtrise émanait de lui. Maîtrise de soi, maîtrise des autres, maîtrise du temps. Son autorité tranquille aiguillonnait ses équipes au lieu de les brider. Quelle tristesse ce fut de le voir s'enfoncer et perdre son aura dans une campagne électorale ratée ! Celle de Jacques Chirac, au contraire, fut pleine de panache, de courage et d'enthousiasme ; il a vraiment conquis sa victoire.

Mais qui sait si, Édouard Balladur élu en 1995, la France ne serait pas aujourd'hui la première puissance économique en Europe ? Son aptitude à gouverner me paraissait exemplaire et mon engagement pour sa candidature fut sincère ; cependant, à la différence de Nicolas, je n'appartenais pas au premier cercle de ses soutiens. Je restais un proche de Philippe Séguin, dont les relations avec Édouard Balladur étaient exécrables ; leurs personnalités étaient aux antipodes, ils se vouaient une détestation irrationnelle qui peinait tous ceux qui, autour d'eux, les appréciaient l'un et l'autre. Cela n'empêcha pas Séguin d'hésiter longtemps avant de se rallier à Chirac. Les longues discussions que nous eûmes autour de mon propre choix en faveur de Balladur en furent rendues plus simples, et notre amitié ne souffrit pas de cette divergence.

En 1997, après la dissolution et la victoire de la gauche aux législatives, Philippe Séguin se lança à l'assaut du RPR et fit alliance avec Nicolas Sarkozy en dépit des chiraquiens. Cette association fut gagnante. Nous nous retrouvâmes au sein du nouvel état-major, rue de Lille. En 1999, quand Philippe démissionna, Nicolas dirigea le parti par intérim ; j'avais pour ma part décidé de présenter ma candidature aux nouvelles élections. Il ne voulait pas être en reste, mais il savait que les circonstances n'étaient pas réunies pour qu'il l'emporte seul ; il me proposa de former ensemble un « ticket » où je serais son numéro 2. Je refusai, je maintins ma candidature, il se résigna à ne pas présenter la sienne ; mais il encouragea celle de Patrick Devedjian, dont le score modeste préleva assez sur le mien pour m'empêcher d'accéder au second tour.

En 2002, après la réélection de Jacques Chirac, nous sommes entrés dans le gouvernement de Jean-Pierre Raffarin. Lui était numéro 2 dans la hiérarchie et moi numéro 3. Il était ministre de l'Intérieur et moi des Affaires sociales. Comme en 1993, cela nous mit plus d'une fois dans des situations de conflit structurel, liées à l'interaction de ces secteurs ministériels. Le goût inné de la compétition qu'il est facile d'observer chez lui en fut pour ainsi dire aiguisé ; il s'évertua par exemple à ramener dans son giron tout ce qui pouvait concerner l'immigration, dont cependant des pans entiers relevaient institutionnellement de mon ministère. Ajoutons que les chiraquiens avaient tendance à m'instrumentaliser contre lui, en citant à peu près systématiquement mon nom en contrepoint du sien comme potentiel successeur de Jean-Pierre Raffarin.

Il résulta de tout cela un état de tension qui culmina en décembre 2003, lorsque nous nous affrontâmes dans les médias au sujet de la « discrimination positive » qu'il venait de lancer dans le débat public comme un pavé dans la mare ; je pris position aussitôt en jugeant la mise en œuvre d'une telle notion inconcevable d'un point de vue à la fois technique, juridique et politique. L'un de ses lieutenants, encore totalement inconnu à l'époque, m'attaqua avec une violence que je ne pouvais laisser sans réplique ; c'est ainsi que je m'explique pourquoi il fut plus tard, après 2007, un courtisan acharné à distiller toutes sortes d'informations soi-disant confidentielles, en général fausses mais propres à mettre de l'huile sur le feu dans les relations entre l'Élysée et Matignon.

Ce moment fut le point d'orgue d'une rivalité théâtrale dont nous comprîmes qu'en coulisse le texte était écrit par d'autres ; d'une certaine façon, il en marqua en même temps la fin. Un apaisement rapide fut scellé en janvier 2004 par un déjeuner en tête à tête que j'organisai au ministère des Affaires sociales. On a dit quelquefois que j'avais rejoint Nicolas par dépit d'avoir été sorti du gouvernement de Dominique de Villepin au printemps 2005 ; c'est au contraire parce qu'un an et demi plus tôt j'avais été parmi les premiers à percevoir et à défendre la légitimité de ses ambitions que l'on crut bon de me sanctionner par cette éviction. Ceux qui prétendent aujourd'hui me donner des leçons de sarkozysme devraient se souvenir de cette époque où la doctrine officielle à droite était « tout sauf Sarkozy » ; où nous n'étions pas si nombreux à être avec lui à visage découvert ; où il était vraiment courageux, alors, d'être avec lui.

Au fond, et sans minimiser nos désaccords, nos analyses de la situation politique française présentaient des convergences décisives. Nous pensions que Jacques Chirac gouvernait de manière trop attentiste, cherchant en toute chose à ne jamais brusquer l'opinion, et que son second mandat s'achèverait sans que l'on se soit confronté aux maux profonds de la société française. La peur de déplaire guidait tout et n'encourageait rien. Quant à notre famille politique, son avenir était incertain. Alain Juppé, avec qui mes rapports ont toujours été bons – bien meilleurs qu'avec Jacques Chirac –, était président de l'UMP ; mais, en cette année 2004, il aurait à faire face à des échéances judiciaires qui le contraindraient sans doute à se mettre à l'écart de la vie politique.

C'est ce qui arriva en effet avant l'été. Alain Juppé quitta la présidence du parti ; commençait pour lui une longue épreuve qu'il allait traverser avec beaucoup de dignité. Les militants seraient appelés à voter pour un nouveau leader. Nicolas Sarkozy et moi avions anticipé ce tournant. Il avait décidé de se présenter, avec 2007 en ligne de mire ; j'avais décidé de le soutenir. C'était son moment. Il s'y préparait depuis longtemps, il avait entamé un très important travail de réflexion qui bousculait les cadres du débat idéologique, enfin il était le mieux à même d'incarner au sein de la droite une option différente, qui répondrait au désir de changement éprouvé par beaucoup d'électeurs en leur épargnant de céder aux attraits de l'alternance. Fin 2004, il fut élu à la présidence de l'UMP d'une manière incontestable.

Dès lors, nous avons commencé à préparer très en amont le programme sur lequel il se présenterait en 2007. J'ai beaucoup contribué à ce programme ; ma nomination à Matignon a été d'une certaine manière le prolongement naturel de cette collaboration entamée de longue date. Quand je me reporte à cette période, je me souviens d'une grande effervescence, d'une grande inventivité, d'une grande liberté. Nos équipes fourmillaient d'idées. Nous avions le sentiment de tout réinventer. Nous voulions tout moderniser, notre économie, nos structures administratives, nos manières de faire de la politique, nos valeurs. La victoire de Nicolas Sarkozy fut le fruit de son talent, de sa superbe campagne. Ce fut sa victoire, mais ce fut aussi une victoire intellectuelle pour la droite, qui reprit l'initiative dans le champ des idées. 2007 s'annonçait comme une date marquante dans notre histoire récente, la troisième grande date de la Ve République après 1958 et 1981.

Un 1981 à l'envers, si l'on veut. 2007 a été cela, oui, peut-être pas assez, peut-être pas complètement. Mais 2007 a été un vrai changement, beaucoup plus profond que le changement annoncé par le slogan vide de François Hollande.

Pourquoi cette dynamique éclatante s'est-elle brisée cinq ans plus tard ? Je ne crois pas que Nicolas Sarkozy ait été battu sur son bilan, qui comporte beaucoup d'actions fortes. Il a été battu parce que le charme était rompu. Sa personnalité avait fini par être trop décriée pour qu'un élan victorieux se rassemble de nouveau autour de lui. La gauche a agité sans vergogne et sans gloire cet antisarkozysme primaire ; ce fut, au fond, son principal moteur. Son erreur a été d'abord de se laisser prendre à ce piège, ensuite de ne pas mesurer l'ampleur de l'hostilité qui – si irrationnelle, si injuste, si disproportionnée soit-elle – s'était cristallisée autour de lui. Députés, élus locaux, militants, quasiment tout le monde, en son for intérieur, sentait que son échec était probable, pour ne pas dire programmé. Plus que les sondages, il suffisait d'écouter les Français et les électeurs du centre et de la droite pour sentir le malaise grandissant qui le ferait chuter.

Lui était convaincu de pouvoir redresser les situations les plus compromises. Son talent intact terrasserait un adversaire qu'il négligeait ; une campagne éclair, avec quelques discours bien sentis, renouerait le lien avec les Français. J'ai espéré ce sursaut de l'électorat. Je l'ai soutenu sans réserve dans sa campagne. Tout laissait à penser que le défi serait difficile à relever. Mais le programme irréaliste et imprécis de François Hollande semblait si décalé par rapport aux urgences que l'on pouvait sincèrement penser que les Français ne s'y laisseraient pas prendre et surmonteraient les réticences superficielles qu'il inspirait.

Sa campagne électorale fut, à l'image de sa candidature, à quitte ou double : brûlante, décousue, irascible. J'ai souvent eu le sentiment d'être en présence d'un boxeur acculé dans les cordes et livrant ses coups sans compter, avec l'énergie du désespoir. Étrangement, son face-à-face avec François Hollande fut raté, alors que Nicolas Sarkozy excellait en général devant les caméras. En réalité, le duel était fini avant d'avoir commencé. Qu'il ait pu perdre alors même que le pays dans ses profondeurs était à droite plutôt qu'à gauche, qu'il ait été battu par un candidat jugé flou et mou, y compris chez les siens, cela montre que la partie n'était pas gagnable. Ceux qui, par affection, déception ou nostalgie réécrivent l'histoire en disant que Nicolas Sarkozy était près du but esquivent la vraie analyse : en 2012, la victoire a échappé à la droite alors que les conditions du succès étaient pourtant largement réunies.

Portée par l'antisarkozysme, l'élection de François Hollande a été en trompe-l'œil. Président socialiste d'un pays dont l'opinion n'est pas à gauche, il est prisonnier de sa base électorale restreinte et d'une partie significative de ses troupes qui continue à rêver utopiquement d'une politique toujours plus à gauche. Le symptôme de cette prise en tenaille a été la nomination au poste de Premier ministre de Manuel Valls à qui son propre parti ne cesse de rappeler sa position minoritaire en son sein.

Le résultat ? Une action poussive et désordonnée qui n'ose affirmer un cap, qui fonctionne au gré de tentatives d'annonces suivies de démentis, qui reprend d'un côté ce qu'elle donne de l'autre, où toute avancée semble encourir tant de reproches venant de la gauche elle-même qu'il faut trouver un recul pour la compenser ! Pendant ce temps-là notre économie stagne effroyablement, notre société s'enfonce dans ses malaises, notre crédibilité s'affaiblit à l'extérieur. On peut tracer dès maintenant le bilan de ce quinquennat : son immobilisme obligera le prochain chef de l'État à prendre des mesures de redressement d'autant plus fortes et d'autant plus urgentes que le retard accumulé aura été grand.

VIII

À quoi sert le Premier ministre ?

Les médias donnent de notre vie politique l'image d'un théâtre où s'agitent des personnages mus par un égoïsme démesuré, jamais à court de procédés retors, tournés dès leur plus tendre enfance vers l'objectif de conquérir le graal présidentiel. Je sais bien que cet aspect théâtral existe et que certaines personnalités l'entretiennent en se laissant happer par lui, le plus souvent d'ailleurs à leur détriment, contrairement à ce qu'elles imaginent. Mais je regrette que les Français soient trop rarement informés du sens de leurs institutions et du travail qui s'accomplit chaque jour au sein de celles-ci.

Je le vois à propos de Matignon et des cinq ans que j'y ai passés. L'opinion peine à identifier ce qu'est concrètement le travail d'un Premier ministre. On lui présente des récits à sensation où Matignon apparaît tantôt comme l'antichambre où Iago aiguise ses couteaux, tantôt comme l'étable où Sancho Pança selle le cheval de Don Quichotte. Je m'entends reprocher soit de n'avoir rien fait, soit d'avoir tout fait. Quand cela vient d'adversaires qui connaissent parfaitement le fonctionnement de nos institutions mais lancent des aberrations oratoires à des fins purement politiciennes, j'en prends mon parti et je salue – ou pas – les artistes. Quand cela vient de citoyens étrangers au microcosme, j'en suis attristé et je n'arrive pas à leur en vouloir, car je comprends qu'au fond, le plus souvent, ils ne perçoivent pas bien la nature de la fonction.

Je ne suis pas allé à Matignon pour faire la guerre au président de la République ni pour planter des arbres dans les jardins de la rue de Varenne, j'y suis allé pour faire sérieusement un travail au service du pays. Mon modèle n'était pas le Jacques Chirac de 1974, il se trouvait plutôt du côté de Pompidou, de Messmer, de Raymond Barre. Ce travail, je l'ai fait pendant cinq ans. J'en rendais compte à un homme, le président, qui pouvait me donner congé à tout moment s'il estimait que je ne remplissais pas bien mes fonctions. Cela ne s'est pas produit ; les candidats au poste ne manquaient pas, cependant. J'aurais pu, je l'ai dit, partir de moi-même. Cela aurait voulu dire que j'aurais fait passer ma stratégie personnelle avant l'accomplissement d'une mission que je tenais pour nécessaire à la bonne marche du pays. Mais quelle était cette mission ? Quelle est la signification de Matignon dans notre République ? Quelques éclairages ne sont pas inutiles.

L'esprit de nos institutions aussi bien que la pratique font de Matignon un carrefour où se tissent les liens entre le président, le Parlement, le gouvernement, et entre le politique et l'administratif. C'est un lieu où les idées reçoivent leur mise en œuvre concrète, où les discours sont transformés en réalités. C'est un lieu où les problèmes convergent, mais où beaucoup de solutions s'inventent. C'est un lieu où l'action quotidienne des pouvoirs publics s'organise tous les jours et même à chaque instant. C'est un lieu où des dizaines d'arbitrages, loin des lumières médiatiques, sont rendus en permanence.

Le Premier ministre est le principal interlocuteur du Parlement au sein de l'exécutif. Ce rôle est essentiel, car le Parlement est, à côté du président de la République, l'autre pouvoir investi par le suffrage universel à l'échelle de la nation. Entre ces deux pouvoirs, l'exécutif et le législatif – que notre Constitution sépare au point de rendre impossible l'apparition du président au Sénat ou à l'Assemblée –, le Premier ministre joue le rôle d'un médiateur indispensable. Soucieux du respect de leur légitimité, les parlementaires ne tolèrent pas que le gouvernement, à commencer par le Premier ministre, ne s'investisse pas dans leurs travaux ou ne soit pas suffisamment disponible pour eux. Ceux de la majorité doivent connaître le sens de l'action gouvernementale quand ils retrouvent leurs électeurs sur le terrain.

Semaine après semaine, c'est le Premier ministre qui donne ce sens. Faute de communication et de considération, les parlementaires se rebiffent, le vote des textes du gouvernement n'est plus garanti et toutes les déconvenues sont à craindre. Durant les cinq ans où j'ai été Premier ministre, je me suis astreint à ne jamais perdre le contact avec le Parlement et naturellement avec notre majorité en particulier. Je n'ai quasiment jamais raté la réunion hebdomadaire du groupe de l'UMP à l'Assemblée nationale et j'ai répondu aux questions d'actualité plus souvent qu'à mon tour.

D'un point de vue plus technique, c'est à Matignon que se déploie toute une mécanique subtile qui organise concrètement les liens entre l'exécutif et le législatif. C'est à Matignon que se réalise la confection de l'agenda parlementaire qui requiert un travail d'orfèvre. C'est à Matignon que sont validées ou orientées les réponses aux questions des parlementaires. Chaque réglage est d'une grande sensibilité. En plus des considérations politiques, l'on doit tenir compte des contraintes matérielles et juridiques, ainsi que de la psychologie des protagonistes. Bien souvent il s'agit de traiter l'écume des jours. Mais l'expérience montre que ce qui est important ne se détermine pas toujours à l'avance, et se révèle parfois *a posteriori*, d'une manière inattendue. On apprend à ne tenir aucun détail pour négligeable. Il faut faire attention à beaucoup de paramètres infimes. Le Parlement est un univers complexe où la météorologie change très vite, et où le crédit des uns et des autres se juge sur des riens qui, pour les acteurs en présence, sont tout.

La cohésion de l'action gouvernementale se joue aussi à Matignon. Le Premier ministre et ses équipes ont en charge la coordination de ce qu'on appelle l'interministériel. L'essentiel de la production législative et réglementaire passe entre leurs mains. Les textes sont écrits ou réécrits à Matignon, sous l'égide du secrétariat général du gouvernement, en liaison avec le Conseil d'État pour les plus importants d'entre eux. Les amendements examinés ou déposés au Parlement sur les projets ou propositions de loi font tous l'objet d'instructions que Matignon doit valider et dont l'exécution est scrupuleusement suivie avec les ministères concernés et les groupes de la majorité. Beaucoup de dossiers entrent en résonance avec d'autres, au-delà des limites sectorielles.

Les ministres, si compétents soient-ils, n'ont pas toujours conscience des empiétements éventuels, des contraintes de calendrier, des champs de forces qui s'exercent dans la majorité, dans les corps intermédiaires, dans l'opinion elle-même. C'est à Matignon que l'on peut avoir une vision étendue de tous les aspects d'une question, vision que l'on partage avec l'Élysée dont l'intervention s'impose dès que l'enjeu le mérite. C'est à Matignon que les différends entre ministres se règlent, que les accords conclus entre eux sont scellés et sacralisés dans un procès-verbal qui prend la forme d'un relevé sur papier bleu – les fameux « bleus » de Matignon. Puis les instructions aux ministères y sont validées, précisées, mises en forme.

Il arrive que la machine déraille, soit qu'il n'y ait pas eu d'arbitrage à temps, soit que les ministres s'en affranchissent, soit encore que l'expression publique de tel ou tel compromette l'élaboration ou la mise en œuvre d'une décision. C'est dans ces moments que l'on peut juger de l'autorité personnelle et politique du Premier ministre. Les exigences et les contraintes de l'action publique lui donnent de vrais moyens pour l'asseoir et rares sont ceux qui s'en affranchissent durablement. À charge pour lui d'assurer la solidarité de la majorité parlementaire, chaque semaine, lors des réunions de groupe. Dans les cas les plus sérieux, il lui revient de procéder au « recadrage » des ministres voire, finalement, à d'inéluctables « ajustements » dans l'équipe gouvernementale, en accord avec le président.

La situation la plus délicate survient lorsque le président ou son entourage désavoue ou défait ce qui a été cousu laborieusement à Matignon. Ce n'est pas fréquent, parce que le président et le Premier ministre ont avantage à résoudre en amont les désaccords éventuels, et parce que – quel que soit le déroulement de l'instruction en coulisse – ce n'est pas l'intérêt du président de paraître s'impliquer outre mesure dans la gestion quotidienne. L'interaction Élysée-Matignon doit être permanente. Quand une divergence advient, elle est lourde de conséquences. L'harmonie de l'exécutif est mise à mal ; il peut y avoir, publiquement, l'un de ces « couacs » dont les médias sont friands ; et chacun des ministres risque de retrouver sa propension naturelle à jouer pour lui seul sa partition, avec la complicité supposée de l'Élysée. Ces dissensions sont rarement confidentielles et toujours surinterprétées par le « microcosme ». Elles se paient cher dans le crédit de l'exécutif auprès des Français. En cinq ans elles ont été rares. Nicolas Sarkozy, contrairement à ce que l'on croit, n'a jamais désavoué l'une de mes décisions, même lorsqu'il n'y était manifestement pas favorable, comme ce fut le cas, par exemple, avec l'attribution d'une quatrième licence de téléphonie mobile.

Enfin, très loin de l'exposition médiatique, Matignon est le centre névralgique de la machine administrative française. Dans notre pays, qu'on le veuille ou non, tout a toujours tendance à remonter à Paris, pour être mis en forme et validé par l'autorité compétente. Celle-ci se tourne presque systématiquement vers Matignon dès qu'il y a un enjeu ; et même quand il n'y en a pas vraiment. L'équipe constituée autour du Premier ministre est en permanence soumise à la marée montante des affaires publiques. Personne ne doit quitter son bureau sans avoir traité les dossiers du jour pour pouvoir faire face au flux du lendemain. Le Premier ministre, responsable en dernier ressort de cette gestion du quotidien, doit donner le ton pour la marche des affaires, assumer les décisions prises sous son autorité, se montrer disponible à chaque instant pour les questions qui relèvent de son arbitrage.

Au fond, l'affirmation du rôle opérationnel de Matignon est pour moi l'exacte contrepartie de la conception que j'ai de la fonction présidentielle.

Matignon, c'est le service quotidien de l'État. On y travaille dans l'immédiateté, on y traite un flux d'informations considérable, on y assume toutes sortes de tâches parfois ingrates. C'est une salle des machines où l'on a les mains dans le cambouis. Ses servitudes sont épargnées à l'Élysée où le niveau des réflexions et des décisions doit être au plus haut. À l'Élysée, on n'est pas dans la salle des machines, on est sur la passerelle. L'Élysée a besoin de Matignon pour sentir le pouls du Parlement, pour tenir les calendriers politiques, pour mener les consultations ou les concertations indispensables, pour avoir l'information pertinente, pour mettre en forme les orientations stratégiques, pour en mesurer l'impact et le coût, pour évaluer ce qui est souhaitable et ce qui est possible. Ce n'est pas à l'Élysée que l'on doit se préoccuper des détails. Matignon est fait pour cela. À Matignon la tactique, à l'Élysée la stratégie. C'est, à mes yeux, l'esprit originel de nos institutions.

Sans Matignon, le président de la République n'aurait pas les moyens d'assumer pleinement son rôle de garant des institutions ; il peinerait à s'élever au-dessus des partis pour nouer ce lien avec la nation tout entière qui doit être son idéal, même si, en pratique, l'unanimité absolue n'a pas de sens dans une démocratie ; sa vision de la France serait obscurcie par un fourmillement de détails, de considérations politiciennes ou formelles qui ont leur importance mais se situent à une échelle inférieure à la sienne. Le président doit pouvoir écouter, réfléchir, prendre du recul ou de la hauteur ; il a besoin pour cela d'avoir les mains libres et l'horizon dégagé.

Longtemps, j'ai pensé qu'il était nécessaire de fixer la nature de notre système institutionnel, de le faire basculer clairement du côté du régime présidentiel, pour éliminer son ambiguïté et assumer pleinement l'investiture directe du chef de l'État par le peuple. Je continue de penser que cela serait cohérent ; l'exemple américain montre que c'est un système qui fonctionne et tient la distance. Mais mon expérience m'a convaincu aussi que notre système a sa propre cohérence et ses avantages, et il n'est plus dans mes ambitions de le changer, de ce point de vue-là.

Le dualisme Élysée-Matignon bat de l'aile quand la répartition des rôles est perdue de vue – quand le Premier ministre se prend pour un président bis et quand le président descend dans des arènes où il perd son crédit et écorne la dignité de sa fonction. Mais quand cette répartition est bien inscrite dans les esprits, elle donne la pleine mesure de son efficacité. Le président a à ses côtés quelqu'un avec qui il peut partager sa réflexion ; le Premier ministre a, pour sa part, le devoir de le faire avec le président sur tous les sujets. Cet échange est un atout pour l'État. Il casse la solitude du pouvoir.

IX

Reprendre la maîtrise de notre destin

François Hollande avait annoncé au cours de sa campagne que la jeunesse serait sa priorité. C'était l'une de ces paroles creuses, sans lien avec la réalité, qu'il agitait alors avec une troublante maestria. Car je ne vois pas comment l'on peut prétendre sérieusement agir en faveur de la jeunesse en continuant d'augmenter notre endettement dont elle aura à assumer le remboursement et de maintenir des charges trop élevées qui dessèchent le marché de l'emploi. François Hollande croit peut-être qu'il suffit d'inviter des rappeurs à l'Élysée pour déclarer son amour à la jeunesse, quand celle-ci s'inquiète de savoir comment elle pourra s'insérer dans le monde du travail, comment elle pourra à l'âge mûr financer les retraites de ses aînés, et comment, plus tard encore, elle pourra sereinement assurer ses vieux jours. Il me paraît plus essentiel de tout faire pour lui laisser en héritage un pays débarrassé du fardeau de la dette et des entraves qui pèsent sur son économie ; un pays disposant d'un système de protection sociale équilibré, dont la survie précaire ne repose pas sur des inégalités croissantes entre les générations, qui sont lourdes de menaces ; un pays qui ne regarde pas son avenir avec angoisse, mais en ayant devant soi des perspectives claires, un horizon dégagé de ses nuages les plus noirs.

Parlons concrètement : je chiffre à cent dix milliards d'euros d'économies entre 2017 et 2022 l'effort que nous devons fournir pour redresser nos finances publiques et lancer efficacement le processus du désendettement. Cent dix milliards d'euros sur cinq ans, ce serait l'effort le plus considérable jamais engagé par la France dans son histoire contemporaine. Je le crois pourtant à notre portée. D'abord parce que nous partons d'un niveau de dépenses tellement élevé que nous avons de la marge avant de toucher à celles qui sont vraiment essentielles. Ensuite parce que nous avons l'exemple de pays qui nous sont comparables et qui ont réussi en quelques années à se sortir de situations budgétaires tout aussi périlleuses : l'Allemagne, la Suède, le Canada, la Nouvelle-Zélande. Enfin parce que la révision générale des politiques publiques que j'avais engagée avec Nicolas Sarkozy avait commencé à montrer qu'une telle réforme est possible dans notre pays.

Nous avions réussi à diminuer le rythme annuel de progression des dépenses publiques qui a été de 2007 à 2012 le plus faible de tous les gouvernements depuis 1981. Nous aurions pu faire mieux, mais nous étions sur la bonne voie. Les dirigeants socialistes ont mis par dogmatisme un coup d'arrêt à ce redressement. La fin brutale du non-remplacement d'un fonctionnaire sur deux ; la création annoncée de soixante mille postes dans l'Éducation nationale ; celle de deux cent mille contrats aidés dans le secteur non marchand ; l'abrogation du jour de carence dans la fonction publique ; la suppression du conseiller territorial, etc., toutes ces mesures ont montré à quel point la gauche était incapable de changer ses vieilles recettes, de faire preuve d'inventivité, d'assumer courageusement la nécessité de dépenser moins et d'établir des conditions vraiment favorables à la création d'emplois dans les entreprises.

Les pistes de réduction des dépenses ne manquent pourtant pas : la Cour des comptes et les différents corps d'inspection de l'État – inspections générales des Finances, des Affaires sociales, de l'Administration – les ont identifiées à plusieurs reprises. Seul a manqué le courage politique de les mettre en œuvre. Il ne s'agit pas de couper arbitrairement des dizaines de milliards d'euros, mais d'engager des réformes de fond auxquelles chacun devra contribuer. Le temps est venu de prendre des engagements ambitieux mais réalistes devant tous les Français. Les miens sont au nombre de cinq.

Le premier, c'est de réduire le poids du secteur public. 22 % de la force de travail en France est employée par le secteur public contre 11 % en Allemagne ; nos voisins ne sont pourtant pas moins bien administrés que nous ! Le nombre d'emplois publics a atteint 5,6 millions en 2013 : + 1,5 % par rapport à 2012. Nouveau record à battre dont nous n'avons pas de quoi être fiers. Jamais nous ne maîtriserons nos finances publiques si nous ne sommes pas capables de rééquilibrer notre force de travail en direction du secteur productif.

Pour y parvenir, je propose d'augmenter le temps de travail dans la fonction publique de trente-cinq à trente-neuf heures. Ce gain de 12 % équivaut sur les cinq millions et demi de fonctionnaires que compte aujourd'hui la France à plus de six cent mille postes. Nous utiliserons ce potentiel d'économies pour ramener progressivement la part des effectifs de la fonction publique à une proportion raisonnable, plus proche de ce que l'on observe chez nos principaux partenaires européens. À titre de comparaison, le Royaume-Uni où 18 % de la force de travail est employée par le secteur public s'est donné un objectif de réduction du nombre de fonctionnaires de près de un million d'ici 2017 et il a déjà supprimé cinq cent mille postes entre 2009 et 2013.

Je propose également de rétablir le jour de carence dans la fonction publique ; de revoir les automatismes de déroulement des carrières, qui font dériver la masse salariale, et de réaffecter une partie des économies réalisées grâce aux suppressions de postes dans une politique de revalorisation salariale qui veillera à mieux récompenser le mérite ; de simplifier les conditions de recrutement des contractuels, pour limiter la création de postes de fonctionnaires sous statut aux missions dont la nature ou la durée le justifient – nos armées, qui exercent des missions régaliennes par excellence, recourent déjà largement à des contrats limités dans le temps – et pour faciliter les passages entre le secteur public et le secteur privé.

Réduire les dépenses, c'est aussi recentrer les services publics sur les missions où ils sont efficaces, indispensables et irremplaçables ; c'est analyser sans concession la pertinence de toutes les dépenses d'intervention. Prenons un exemple, le logement, au sujet duquel j'ai par ailleurs établi toute une série de propositions concrètes. Nous dépensons chaque année 2 % de notre PIB en aides diverses au logement, environ 45 milliards d'euros. Dans les autres pays, c'est en général 1 % du PIB. Peut-on dire que ces dépenses sont efficaces ? Qu'elles donnent des résultats qui sont à la hauteur de leur volume considérable ? Non. Au contraire, ces dépenses sont même devenues contre-productives, car elles poussent à la hausse les prix du marché de l'immobilier ! Elles augmentent le coût de la vie tout en soutenant l'enrichissement des propriétaires. Ce n'est qu'un exemple. Il y a beaucoup d'autres dépenses dont l'efficacité est sujette à caution. Toutes doivent être passées systématiquement en revue.

Mon deuxième engagement, c'est de réformer le cadre d'action des collectivités territoriales pour réduire la dynamique de leurs dépenses.

Je veux que nous ramenions le nombre d'échelons des collectivités territoriales de quatre à deux. C'est essentiel pour maîtriser les coûts. L'actuelle réforme Hollande qui réduit le nombre des régions n'aura aucun effet sur les dépenses. Elle crée des communautés artificielles qui ne concerneront que les élus et les administrations. Jamais les habitants ne s'y identifieront. Pire, ces grandes régions rendront plus difficile la nécessaire fusion avec les départements qui, elle, permettrait de rationaliser vraiment notre organisation territoriale et de faire d'importantes économies d'échelle. Cette réforme est une incroyable improvisation qui conduit à redessiner la carte de France en fonction des préférences partisanes et des amitiés du président Hollande. C'est du jamais vu dans l'histoire de la République !

Les départements furent découpés par l'Assemblée constituante en 1790 selon des critères rationnels, parmi lesquels la distance du chef-lieu qui ne devait jamais dépasser une demi-journée de cheval. Les vingt-deux régions françaises d'avant la réforme de 2014 furent l'objet de longues études diligentées par la délégation à l'aménagement du territoire, et de débats passionnés. J'en fus témoin dans la Sarthe, où la communauté universitaire se battait pour une grande région normande contre le rattachement à Nantes et aux Pays de la Loire ! Rien de tout cela en 2014. François Hollande imposa, une fin d'après-midi, une carte improbable qui n'avait fait l'objet d'aucune étude sérieuse et encore moins de concertation sincère. Ce jour-là, un élu des Pays de la Loire m'envoya un message désespéré : « Nous sommes fusionnés avec Poitou-Charentes. » Mon sang ne fit qu'un tour : cette décision tournait le dos à la raison qui conduisait à nous réunir avec la

Bretagne autour d'une grande métropole d'équilibre : Nantes. J'envoie un tweet pour déplorer cette absurdité. Dans la précipitation, j'oublie de mettre un *s* à Charentes. On me le signale, je veux corriger ça. Pas de chance ! Entre-temps François Hollande, cédant aux pressions justifiées de son ancien Premier ministre, Jean-Marc Ayrault, avait renoncé à cette fusion absurde. Quelle improvisation pour dessiner la France du XXIe siècle !

Mon troisième engagement, c'est de garantir l'équilibre des comptes sociaux. Les dépenses sociales représentent plus de la moitié des dépenses publiques, et parmi elles, les retraites sont le poste le plus important – presque 14 % du PIB contre 10 % en moyenne dans les pays de l'OCDE. La fuite en avant de l'endettement fait peser une grande menace sur l'avenir de notre modèle social. Rien ne peut justifier de payer à crédit l'assurance maladie. Rien ne peut justifier de payer à crédit nos retraites, alors que nous pourrions les financer par nos propres efforts, en travaillant plus longtemps.

C'est pourquoi je veux que nous reportions l'âge légal du départ à la retraite à soixante-cinq ans. Il n'y a là aucune régression sociale. Soixante-cinq ans était l'âge de départ à la retraite en France jusqu'en 1982 alors que notre espérance de vie était inférieure de près de vingt ans. Soixante-cinq ans, c'est l'âge de départ à la retraite dans la plupart des pays européens. Britanniques, Allemands, Suédois, Espagnols, Finlandais, Danois ne sont pas si différents de nous que nous ne puissions envisager de travailler au même âge. C'est indispensable si nous voulons sauver notre système par répartition.

Mon quatrième engagement, c'est de mener une politique fiscale cohérente avec le redressement des finances publiques et la compétitivité de l'économie.

La fiscalité est un outil et non une fin en soi. Elle est là pour donner à l'État les moyens d'assurer ses missions régaliennes et sociales de manière satisfaisante. Elle n'est pas là pour mettre en place je ne sais quelle revanche sociale en punissant les « riches », ni pour couper les ailes des entreprises que la gauche dogmatique soupçonne toujours d'exercer une activité moins digne que le sacro-saint service public – et qu'elle regarde avec un dédain assez proche, au fond, de celui de la noblesse de l'Ancien Régime pour le secteur productif sur le dos duquel elle vivait en l'accablant de taxes excessives qui ont fini par rendre le système insoutenable.

Les prélèvements obligatoires sont devenus à l'évidence trop élevés dans notre pays et l'on doit se donner pour objectif de les diminuer. Mais je ne veux pas faire des promesses irréalistes. La situation budgétaire dégradée dans laquelle la gauche retient la France n'autorise pas une baisse importante à court terme. C'est pourquoi nous devons commencer par les réformes favorables à la relance de la compétitivité et donc de la croissance et de l'emploi. La priorité doit être donnée dès le début du quinquennat à la baisse des charges et des prélèvements pesant sur les entreprises, pour lancer le plus vite possible une politique d'offre réellement efficace.

Lors d'un déplacement à Abbeville en 2013, j'ai rencontré dans un café de la place Max-Lejeune trois artisans qui avaient accepté de venir me parler de leurs difficultés dans une ville économiquement sinistrée, avec un taux de chômage au-dessus de 20 %. L'un d'entre eux exerçait le métier de couvreur avec trois salariés. Il avait un carnet de commandes rempli pour deux années, et pourtant il m'avoua qu'après avoir payé ses salariés et les charges sociales, il ne lui restait plus rien pour se payer lui-même. Il n'avait pas d'autre choix que de licencier ses ouvriers et de se reconvertir. Quel est le pays où un artisan qui a du travail ne peut pas en vivre ?

Le coût du travail doit baisser. Les prélèvements qui l'alourdissent seront diminués. Le CICE et les allégements de charges prévus dans le « pacte de responsabilité », qui sont d'une grande complexité, seront simplifiés en étant refondus au sein d'un dispositif unique d'allégement des cotisations sociales employeur. Les multiples taxes qui pèsent sur la masse salariale – cotisations FNAL, versement transport, taxes CNSA, etc. – seront supprimées.

Ces mesures indispensables de desserrement fiscal représentent environ 50 milliards d'euros. Nous les financerons d'une part avec une augmentation de 3,5 % des deux taux supérieurs de la TVA – sans toucher au taux de base qui s'applique aux produits de première nécessité – et d'autre part grâce aux économies que nous réaliserons par ailleurs. Tous seront mis à contribution, mais de façon mesurée.

L'échec des socialistes montre à quel point il est mensonger de prétendre ne faire contribuer que les riches au redressement des finances publiques. La suppression de la première tranche de l'impôt sur le revenu est démagogique et dangereuse. Non financée, elle va achever de concentrer la charge de cet impôt sur moins de 50 % des ménages – pour lesquels on peut de plus redouter une augmentation des taux en conséquence. Je crois au contraire qu'il faut créer les conditions qui permettront de réduire graduellement la pression fiscale sur les ménages pour rendre à chacun la liberté de profiter des fruits de son travail.

Mon cinquième engagement, c'est de renforcer le pilotage et l'évaluation des dépenses publiques. Pour prévenir tout retour à la situation actuelle, pour que nos efforts ne soient pas un jour prochain anéantis par la démagogie, la faiblesse de caractère ou l'absence de scrupules, des mesures de prévention doivent être prises.

La principale est l'inscription de l'équilibre des finances publiques – y compris les finances sociales – dans la Constitution. L'expérience a montré que le vote d'une loi organique ne donne pas les garanties suffisantes. Ce sera, au reste, un gage de crédibilité très fort pour nos créanciers et nos partenaires européens.

Je veux en outre que les modifications de la fiscalité soient réservées aux lois de finances. Cela évitera que le gouvernement et le Parlement n'introduisent en permanence et sans vision stratégique de telles modifications qui ne font qu'ajouter à l'instabilité, à la complexité, à l'absence de visibilité.

La rigueur dans la gestion des finances publiques est donc parfaitement compatible avec l'exercice de la solidarité à l'égard des plus fragiles. Elle exige seulement que les politiques sociales soient gérées avec le double souci de la justice et de l'efficacité. C'est justement ce que je propose.

X

L'allocation sociale unique

Maire de Sablé-sur-Sarthe à partir de 1983, je fus confronté à la détresse sociale des chômeurs en fin de droits, des femmes seules, des jeunes sans ressources qui n'avaient plus de lien avec leur famille, des salariés âgés qui avaient perdu l'espoir de retrouver un travail après leur licenciement. Malgré un taux de chômage plus faible que la moyenne nationale, l'économie de la région n'était pas en mesure d'offrir un travail à tout le monde. Je faisais de mon mieux pour soulager ces souffrances. Tous les samedis, de 8 heures à 18 heures, je recevais ceux qui venaient me demander de l'aide. Soixante-dix personnes en moyenne attendaient dans le long couloir qui menait à mon bureau. Ces séances étaient éprouvantes, mais elles me donnaient le sentiment d'être utile à mes concitoyens, car beaucoup de difficultés parvenaient à être résolues. Il suffisait souvent d'écouter attentivement et de reformuler des problèmes qui paraissaient inextricables parce qu'ils étaient mal posés.

C'est au cours de ces longues journées que j'ai découvert les dysfonctionnements d'un système administratif débordé et déshumanisé. Je ne compte plus le nombre de fois où j'ai décroché mon téléphone pour débloquer un dossier de retraite laissé en suspens simplement parce qu'il y manquait une pièce, ce qui suffisait à priver de toute ressource des retraités contraints dès lors de se tourner vers leur banque ou vers l'aide sociale. Les caisses de retraite ont fait des progrès, mais les graves incidents de paiement survenus en 2015 nous rappellent la fragilité de nos systèmes et les situations de détresse individuelle que leur machinerie peut facilement créer.

Je cherchais des réponses locales avec les moyens de ma ville. J'avais décidé qu'à Sablé personne ne devrait vivre avec moins de 3 000 francs par mois. J'avais proposé d'offrir à tous ceux qui en avaient besoin quelques heures de travail au service de la collectivité, dans les parcs et jardins, dans les écoles, en complément des aides sociales auxquelles ils avaient droit. Des dizaines de Saboliens purent en bénéficier. L'expérience dura quelques années ; elle finit par se briser sur les règles du droit du travail qui jouent contre ceux qui n'ont pas la chance d'être salariés dans des entreprises solides ou mieux encore dans l'administration. Cette allocation différentielle avait un autre inconvénient grave, celui de faire espérer la perspective d'un emploi public que le budget de Sablé ne permettrait jamais de créer. J'avais en fait expérimenté avant l'heure des contrats aidés que je propose aujourd'hui de supprimer pour orienter les jeunes en difficulté vers l'apprentissage d'un métier. Mais je ne renie rien de cette initiative. J'essayais d'agir, d'inventer des solutions, avec les moyens dont je disposais.

Je n'ai jamais cessé de me demander comment lutter contre la détresse sociale. Un grand pays a le devoir d'assurer le minimum vital à ceux de ses citoyens qui n'arrivent pas à subvenir à leurs besoins. Il a le devoir d'aider ceux qui à un moment ou un autre voient leur ligne de vie rompue par des difficultés que les forces d'un individu esseulé ne suffisent pas à surmonter. Nul n'est absolument à l'abri de ces accidents de l'existence et telle est la philosophie originelle de notre système : tous y contribuent car chacun aura peut-être besoin, un jour, de la solidarité nationale. La France est un pays protecteur. Notre République a l'humanisme dans ses gènes. Il ne s'agit pas de remettre cela en cause, mais de nous interroger sur les défauts d'une organisation qui crée beaucoup d'insatisfactions et s'est éloignée des nobles principes qui la fondent. Notre système de protection sociale est-il toujours l'un des meilleurs au monde ? Est-il à la hauteur des défis qui lui font face aujourd'hui ?

Il y a bien sûr le problème du coût. Je conçois qu'au premier abord ce ne soit pas le plus judicieux des angles d'approche : nous pourrons toujours trouver beaucoup de dépenses à réduire ou à supprimer avant de tailler dans les aides accordées à ceux qui sont dans la détresse la plus noire. Pourtant ce problème se pose à nous, parce que si notre système est trop coûteux, nous risquons tout simplement de ne plus avoir les moyens de le financer et de le voir s'effondrer. Nous ne pouvons pas faire comme si cette menace n'existait pas. La politique d'assistance ne doit pas subir des coupes drastiques, mais être partie intégrante de la rationalisation générale de notre budget.

Il y a un problème d'efficacité. La finalité des allocations est d'aider ceux qui sont dans la détresse à se relever, à retrouver le chemin de l'activité, à reconquérir leur dignité et leur estime de soi, par le travail. Elle n'est pas de les maintenir dans une perpétuelle situation d'assistance qui est contraire aux effets recherchés et qui ne produit rien de bon, parce qu'au lieu de les aider, elle finit par les enfermer malgré eux dans un mal-être dont il est de plus en plus difficile de sortir.

Il y a un problème de philosophie. Il faut retrouver la vraie signification de l'assistance, qui ne doit pas se substituer à l'activité. Les discours très durs sur les « assistés » qui resteraient à la maison aux frais de ceux qui travaillent et paient des impôts se sont multipliés ces dernières années. Ils sont injustes pour ceux qui souffrent de ne pas trouver d'emploi et ils sont souvent disproportionnés par rapport à la majorité des situations. Pourtant, on ne peut pas fermer les yeux sur les abus et les fraudes, qui existent, ni sur ce refus brutal de la solidarité nationale qui n'hésite plus à se faire entendre. Cette scission du corps social est dangereuse. La refondation d'un système d'assistance qui soit accepté par tous est indispensable pour préserver l'intégrité de notre pacte républicain. On a souvent dit que les revenus du travail devaient toujours rester supérieurs aux revenus de l'assistance.

La promesse n'a jamais été vraiment tenue. Il faut une réforme qui inscrive ce principe dans les faits.

Mon gouvernement avait tenté de franchir une étape décisive avec la création du revenu de solidarité active, défendu par Martin Hirsch. Près de vingt ans après la mise en place du revenu minimum d'insertion, le but était de corriger les défauts de ce dispositif qui incitait malgré elles les personnes en difficulté à rester longtemps dans le refuge de l'assistance. Le RSA devait favoriser la reprise d'activité en assurant une progression régulière des revenus, sans effets de seuil. Je reconnais que l'objectif n'a pas été atteint en raison de la complexité du dispositif. Le gouvernement de Manuel Valls a tenté de corriger le tir en fusionnant RSA et prime pour l'emploi dans une seule prime d'activité. Tentative louable mais à son tour insuffisante.

Coûts excessifs, effets pervers, sentiment lancinant que l'on peut vivre à son aise de la solidarité, tout cela trouve en grande partie son origine dans la complexité de notre système qui multiplie les aides en tous sens. Ajoutons que cette complexité pénalise aussi ses bénéficiaires qui peuvent se perdre dans la forêt des aides auxquelles ils ont droit et des démarches qu'ils ont à accomplir.

Je propose donc de créer une allocation sociale unique. Une allocation sociale unique qui se substituerait au RSA, à la prime pour l'emploi, à l'allocation de solidarité spécifique, à l'allocation de parent isolé, au chômage de longue durée, à l'allocation d'adulte handicapé, au minimum vieillesse, au minimum d'invalidité et à l'allocation logement. Un seul dossier, un seul guichet (qui pourrait avantageusement être décentralisé), une seule allocation, transparente et juste. Ce serait un véritable impôt négatif, individualisable, sans effets de seuil. Sa gestion unifiée serait moins coûteuse, elle faciliterait grandement la lutte contre les fraudes, elle permettrait de s'assurer que les revenus de l'assistance demeurent en deçà de ceux du travail.

Les obstacles à franchir pour atteindre cet objectif ne seront pas négligeables. Beaucoup d'organisations profitent de la complexité. Beaucoup d'emplois administratifs deviendront inutiles et devront être redéployés ou supprimés. Tous ceux qui trouvent un avantage à distribuer ces aides rivaliseront d'imagination pour trouver des arguments en faveur du *statu quo*. Au Royaume-Uni, le gouvernement de David Cameron en fait l'expérience dans la mise en œuvre d'un *universal credit* qui fusionne six aides sociales existantes. Les difficultés seraient du même ordre dans notre pays et probablement plus dures encore. Je ne les méconnais pas. Mais il ne faut pas se laisser intimider par elles. Le sentiment que notre système d'assistance est à la dérive est une cause majeure du délitement de notre contrat social. Il est urgent d'en refonder la légitimité, de renouer avec le consensus qui l'entourait à ses origines. Notre République ne peut pas accepter que l'inefficacité de ses structures entraîne la remise en cause de ses valeurs humanistes. À droite nous devons avoir le courage de bousculer les conservatismes et de sauver notre système désormais menacé.

XI

Objectif plein emploi

La vérité, c'est que notre économie est figée depuis trop longtemps. La dernière année de plein emploi en France – on définit le plein emploi par un taux de chômage sous les 5 % – remonte à 1979 ! Il est urgent de redévelopper un tissu économique à forte valeur ajoutée ; de remobiliser nos forces de travail, qui sont grandes et sous-utilisées ; de redonner des marges aux entreprises pour qu'elles regagnent en compétitivité. C'est la seule manière pour nous de retrouver de la croissance, des performances à l'exportation et le plein emploi. Cela nécessite – là aussi ! – des réformes profondes.

La première concerne le temps de travail. Si je suis élu, l'utopie des trente-cinq heures, qui est restée une exception française, sera abandonnée. Pour le secteur marchand, la loi fixera la seule durée maximum du travail hebdomadaire selon la norme européenne de quarante-huit heures. Ce sont des accords collectifs d'entreprise qui définiront le seuil effectif de déclenchement des heures supplémentaires, l'annualisation ou la modulation du temps de travail annuel et les compensations salariales eventuelles. En parallèle, on reviendra à trente-neuf heures dans la fonction publique, avec des revalorisations salariales ciblées que permettra le redéploiement d'une partie des économies réalisées par les suppressions de postes qui résulteront de cette augmentation du temps de travail.

Le deuxième axe, c'est le droit du travail. La complexité de notre code du travail est un frein reconnu au développement économique, à l'investissement et à l'embauche. Il faut bien entendu protéger les salariés, mais sans brider le dynamisme de l'économie et sa capacité d'adaptation. Toutes les tentatives de toilettage engagées par le passé se sont soldées par des échecs car elles n'ont pas su aller droit aux fondements. Je veux que le code du travail soit réécrit en le concentrant sur ce qui relève des normes sociales fondamentales – les entorses à ces normes sociales fondamentales étant alors pénalement sanctionnées – tandis que le reste des dispositions sera renvoyé à la négociation en entreprise. Cela permettra de gagner en lisibilité et de remettre la négociation au cœur des relations sociales.

Je veux en outre faciliter l'adaptation des entreprises à leur contexte en introduisant le motif de « réorganisation de l'entreprise » dans les procédures de licenciement collectif. Les restructurations ont un impact économique et social qui n'est jamais anodin et il est légitime que des obligations précises s'imposent aux entreprises. Mais notre organisation fixe des critères très restrictifs pour justifier du motif économique d'un licenciement. Les entreprises doivent prouver qu'elles affrontent des difficultés économiques ou des mutations technologiques.

Cette spécificité française bride leur capacité d'adaptation et d'anticipation. Ce motif de réorganisation leur redonnera les marges de manœuvre dont elles ont besoin pour rester compétitives. Les entreprises seront soumises à une obligation de déclaration qui fera l'objet d'une homologation tacite, sauf avis contraire. En cas de litige, le juge vérifiera la réalité de cette réorganisation sans avoir à l'interpréter. En contrepartie, je veux que nous développions une flexisécurité adaptée au contexte français, en particulier en renforçant l'efficacité de la formation pour les demandeurs d'emploi et l'orientation vers des secteurs ayant des postes à pourvoir.

Le troisième axe, c'est le dialogue social. Je veux le rétablir autour d'un objectif prioritaire qui est la pérennité de l'entreprise – donc de l'emploi – et sur la base d'une représentation syndicale redynamisée et revalorisée. Le dialogue social n'a cessé de se complexifier dans l'articulation des niveaux – entreprise, branche, interprofession – et dans la portée des accords. Les instances représentatives du personnel se sont multipliées : comité d'entreprise, comité d'établissement, comité d'hygiène, de sécurité et des conditions de travail, le CHSCT, comité central d'entreprise, comité de groupe, comité de groupe européen... Aujourd'hui, une entreprise a autant d'interlocuteurs que d'instances représentatives du personnel, ce qui ne facilite pas le dialogue social, notamment dans le cadre d'un plan de sauvegarde de l'emploi. Enfin, la faible représentation syndicale favorise le syndicalisme politique, alors qu'une économie performante a besoin d'un syndicalisme d'adhésion, d'un syndicalisme constructif qui soit une force de proposition.

Par manque de dialogue social, certaines entreprises ont eu tendance à utiliser la politique salariale comme un outil destiné à garantir la paix sociale. C'est ainsi qu'elles ont vu leurs coûts augmenter plus vite que leur productivité ! Le PIB de la France en valeur ajoutee a progressé de 9,7 % entre 2007 et 2013 alors que sur la même période le salaire moyen a, lui, augmenté de 13,6 %. L'évolution des salaires – et plus largement du coût du travail – s'est trouvée décorrélée de l'amélioration de la productivité réelle, avec pour effet de dégrader la marge des entreprises et donc leur capacité d'investissement et d'innovation.

Pour relancer le dialogue social en lui assignant l'emploi comme objectif prioritaire, je propose de relever les seuils sociaux de dix à cinquante salariés et de cinquante à cent salariés ; de donner la possibilité aux accords d'entreprise de fixer l'architecture des instances représentatives du personnel ainsi que les modalités de leur consultation (la fusion du comité d'entreprise et du CHSCT permettrait ainsi à l'entreprise d'avoir un interlocuteur unique, en particulier lorsqu'il faut définir un plan de sauvegarde de l'emploi) ; de redynamiser la représentation du personnel et d'assurer son ancrage dans la réalité de l'entreprise en limitant à 50 % du temps de travail le temps consacré à l'exercice du mandat de chaque élu ; en contrepartie, l'entreprise s'engagera à valoriser l'expérience syndicale dans la gestion des carrières.

Le quatrième axe concerne la formation en alternance et l'apprentissage que je veux développer massivement. Près de deux millions de jeunes entre quinze et vingt-neuf ans ne suivent aujourd'hui aucune formation scolaire ou professionnelle et n'ont aucun emploi. Cent mille élèves sortent chaque année du système scolaire sans le moindre diplôme. Notre système doit être repensé de fond en comble. La sacralisation de la voie classique – symbolisée par le « collège unique » – a freiné depuis quarante ans le développement des voies professionnalisantes en les discréditant dans l'esprit des professeurs, des élèves et des parents. L'alternance fait pourtant la preuve de son efficacité dans les pays voisins.

En Allemagne, où le système éducatif travaille main dans la main avec le secteur économique, 75 % des moins de vingt ans sont dans un système de formation professionnelle ; en Suisse, près de 70 % des jeunes font le choix de l'apprentissage, et le chômage des quinze-vingt-neuf ans est quasi inexistant. L'apprentissage est un vecteur de promotion sociale, un remède à l'échec scolaire, une arme dans la lutte contre le chômage. Nous ne pouvons pas nous en priver plus longtemps. Avec Nicolas Sarkozy, nous avions initié une première mobilisation en faveur de l'apprentissage ; elle a été mise sous le boisseau par les gouvernements de François Hollande : – 8 % d'entrées en apprentissage en 2013 par rapport à 2012, – 20 % entre janvier 2013 et janvier 2014 ! au profit des « emplois aidés » qui n'offrent pas de réelle opportunité d'insertion professionnelle hors de la fonction publique ou du monde associatif. Je veux relancer cette mobilisation en en faisant une grande cause nationale et en développant l'apprentissage à tous les niveaux, du CAP aux études supérieures qui trop souvent ne permettent pas, elles non plus, de s'insérer efficacement dans le marché de l'emploi.

Concrètement, je propose de placer sous l'autorité des régions et des branches professionnelles les lycées professionnels et les centre de formation des apprentis, d'unifier l'ensemble des aides à l'apprentissage dans un crédit d'impôt de soutien au développement de l'alternance ; de réduire le nombre des collecteurs de la taxe d'apprentissage et de revoir les principes d'affectation de celle-ci en la concentrant sur les établissements de formation en alternance les plus efficaces ; d'offrir aux entreprises la possibilité de déduire le coût de financement des apprentis de leur budget de formation, pour inciter à l'emploi de jeunes en alternance en évitant une double taxation ; de confier aux branches professionnelles l'élaboration des « référentiels métiers », pour assurer une meilleure adéquation entre la demande des entreprises et l'offre de formation en alternance.

Le cinquième axe, c'est l'indemnisation du chômage. Aujourd'hui, l'indemnisation et l'ensemble des aides disponibles offrent un taux de remplacement de l'ordre de 90 % du revenu pendant près de deux ans. Il n'est plus possible de maintenir un système aussi coûteux et aussi peu incitatif au retour à l'emploi. Les pays voisins qui disposaient d'un système comparable ont pour la plupart – que la gauche ou la droite ait été au pouvoir – pris conscience de son inefficacité et l'ont abandonné.

Je propose de plafonner toutes les allocations afin que le taux de remplacement net n'excède pas un niveau de 75 % ; d'améliorer l'équité et l'efficacité de l'indemnisation en introduisant une dose de dégressivité pour inciter à la reprise d'un emploi et à la mobilité fonctionnelle, géographique et professionnelle ; enfin d'engager une réforme profonde de la formation professionnelle – dont à l'heure actuelle le rendement n'est pas à la hauteur des moyens considérables qui lui sont alloués, de l'ordre de 30 milliards d'euros par an – pour aider les demandeurs d'emploi à se tourner vers les secteurs porteurs.

Le sixième axe, c'est la réforme des taxes qui brident la compétitivité, l'investissement et l'emploi. J'ai déjà évoqué mon engagement de baisser dès le début du quinquennat les charges pesant sur le travail, de réduire l'impôt sur les sociétés et de supprimer 15 milliards d'euros de taxes diverses, pour redonner à toutes les entreprises des marges de compétitivité et d'investissement ainsi que la suppression de taxes et d'impôts absurdes.

Je veux donc abolir le stupide impôt sur la fortune qui, au nom d'une égalité purement oratoire, a détourné depuis sa création des milliards d'investissements au profit de la Grande-Bretagne, de la Belgique, de la Suisse ou des États-Unis. Déjà en 2007 nous avions songé à proposer sa suppression ou sa réforme radicale, mais nous avions refusé de sauter l'obstacle qui semblait trop haut pour une société française encore attachée à ce prétendu symbole de justice sociale. Nicolas Sarkozy avait alors choisi la création d'un bouclier fiscal à 50 %. Inspiré d'une disposition de la loi fondamentale allemande, ce bouclier limitait à la moitié des revenus d'un contribuable le maximum des impôts qui pouvaient lui être réclamés. La disposition n'était pas complètement nouvelle puisque le gouvernement précédent l'avait introduite à hauteur de 75 %.

Votée dès l'été 2007, cette règle fiscale empoisonna tout le quinquennat. Les socialistes ne perdaient pas une séance de questions d'actualité, pas un débat fiscal ou financier pour nous renvoyer en pleine face cette mesure. Si le principe d'un taux maximum d'imposition semblait juste, sa mise en œuvre n'a cessé de causer des polémiques qui ont atteint leur but : faire passer mon gouvernement pour le défenseur des riches ! Chaque fois que nous avons voulu modifier une règle fiscale, augmenter un taux, créer une nouvelle taxe, la gauche criait « bouclier fiscal » ! Pour couronner le tout, l'administration fiscale ne trouva rien de mieux que de rembourser par un chèque les sommes perçues au-delà de 50 % des revenus et celui qui fut signé à la première fortune française devint le symbole d'une politique injuste.

Après quatre années de polémiques et de guérilla parlementaire, le doute ayant gagné notre propre majorité, nous décidâmes d'en finir avec ce bouclier cabossé qui n'arrêtait plus les coups. J'ai tiré tous les enseignements de cet épisode douloureux.

Je crois sincèrement que nous aurions dû avoir le courage de supprimer l'ISF dès 2007. La gauche et les médias se seraient déchaînés contre nous, mais une fois la tempête apaisée, les donneurs de leçons de justice sociale seraient passés à autre chose et des Français auraient de nouveau pu investir dans l'économie de leur pays. La gauche aurait-elle fait la bêtise en 2012 de rétablir cet impôt anti-investissement ? Je n'en suis pas sûr. Notre histoire est jalonnée de réformes conflictuelles qui mobilisèrent plusieurs millions de manifestants, suscitèrent la réprobation de tous les détenteurs de vérité du microcosme et finalement, quelques années plus tard, apparurent comme une évidence.

En 1995, l'abolition du monopole des télécommunications et la privatisation d'un des services publics les plus syndicalisés, France Télécom, déclencha une bronca sociale et politique qui dura plusieurs mois, forçant même le président Chirac à recourir à l'article 49-3 pour en finir avec un débat parlementaire délétère. Ségolène Royal, qui n'était pas encore candidate à la présidence de la République et qui n'avait pas encore fait vœu de modernité politique, me poursuivait jour et nuit dans l'hémicycle au nom de la défense des cabines téléphoniques ! Y a-t-il aujourd'hui un seul Français qui rêve de revenir au monopole, aux files d'attente pour obtenir le téléphone à la campagne et au minitel ? Il est une réalité qu'on ne peut plus esquiver : la France n'a aucune chance de retrouver une croissance suffisante pour réduire le chômage et améliorer le pouvoir d'achat sans investisseurs dans son économie. Un taux d'imposition du capital comparable à celui de nos principaux partenaires de la zone euro est une condition essentielle au retour des investissements.

Je pense également qu'il faut revoir le mécanisme de revalorisation du Smic qui, même sans « coup de pouce », augmente mécaniquement chaque année, en étant indexé à la fois sur l'inflation et sur 50 % des gains de pouvoir d'achat du salaire horaire moyen des ouvriers et employés. Ce dispositif doit pouvoir être révisé en prenant en compte la pression de la compétition internationale et l'état de nos performances par comparaison avec nos principaux concurrents.

Tous ces allégements ne produiront des effets positifs que si les entreprises les réinvestissent dans l'outil productif, et ne les redistribuent pas immédiatement dans des perspectives sans lien avec l'amélioration de la productivité – des études montrent que notre perte de compétitivité par rapport à l'Allemagne provient non seulement des hausses de charges mais aussi pour une large part des hausses de salaires. C'est pourquoi, au lieu de faire miroiter des hausses de salaires miraculeuses qui seraient irréalistes, je propose de renforcer l'actionnariat salarié, à la fois dans les grandes entreprises et les PME, ainsi que la politique de participation et d'intéressement. Je pense de ce point de vue-là que, dans les PME, il faut étudier l'idée d'une fusion de la participation et de l'intéressement, et envisager la mise en place d'une garantie de liquidité des plans d'épargne salariale par le biais de la Banque publique d'investissement.

Mais il faut aller plus loin. Le temps des demi-mesures est passé. D'autres réformes achèveront de remettre en marche notre système aujourd'hui gravement bloqué.

Les baisses de charges ne suffiront pas si elles ne s'accompagnent pas d'une simplification des procédures administratives et d'un renversement du mode de relations entre les entreprises et l'administration, qui doit passer d'une logique de méfiance à une logique d'accompagnement. Je propose par exemple de développer la signature de « contrats de partenariat » entre les entreprises et l'administration fiscale – comme il en existe au Royaume-Uni – pour garantir un minimum de sécurité fiscale.

Quant à l'innovation, elle doit être davantage soutenue. Le crédit d'impôt recherche est un dispositif efficace que je veux renforcer et compléter. Dans les universités, il faut aider les étudiants et les chercheurs à créer des entreprises innovantes. D'une manière générale, le trop fameux « principe de précaution » doit laisser la place à un principe de responsabilité qui rétablira la liberté d'innover. C'est une réforme constitutionnelle que je proposerai de soumettre à un référendum – avec plusieurs questions – dès le début du quinquennat.

Enfin, nous devrons améliorer le financement de notre économie. Nous avons de jeunes entrepreneurs dynamiques. Mais les entreprises qu'ils créent ont du mal à se développer et à atteindre la taille critique, parce qu'elles rencontrent des difficultés considérables pour financer les différentes étapes de leur croissance. L'épargne, dont le volume global est important dans notre pays, n'est pas suffisamment investie dans l'économie productive. Je proposerai de refondre la fiscalité du capital pour réorienter l'épargne vers l'investissement ; je proposerai de renforcer les dispositifs d'incitation à l'investissement direct dans les PME en nous inspirant de ce qui marche dans d'autres pays européens. Par exemple, l'Employment Investment Scheme au Royaume-Uni permet à des investisseurs privés d'investir sous forme d'actions ou d'obligations dans des PME et des TPE de toute nature en apportant une garantie en termes de crédits d'impôt pour des montants qui peuvent aller jusqu'à un milliard de livres sterling. Un dispositif de ce genre permet à la fois d'irriguer l'économie et de dynamiser l'actionnariat populaire.

Toutes ces mesures techniques auront peut-être semblé bien arides. Mais le chômage structurel qui mine notre pays depuis des décennies est un sujet trop grave pour être laissé à de grandes envolées qui se révèlent sans prise sur la réalité le jour où il faut agir. Les discours et les promesses sans contenu créent des déceptions cruelles chez ceux qui ont voulu y croire parce qu'ils n'avaient pas perdu toute espérance. On discrédite la parole politique quand on prétend remédier à ce mal en n'ayant à offrir en réalité que de grands roulements de tambour. Aucune nation ne s'est jamais relancée en comptant sur des miracles. Les marchands de rêves, les visionnaires fumeux, les tribuns – mais vrais démagogues – portent une immense responsabilité dans le drame social qu'affronte notre pays.

Je veux lutter contre le chômage ; je ne veux pas le faire sans avancer une stratégie précise, mûrie dans les moindres détails par l'expérience et la réflexion.

XII

Croire au progrès

Chaque soir, nous nous demandons de quoi sera fait demain. Chaque matin, en Asie, en Inde, au Brésil, en Afrique, des centaines de millions d'hommes et de femmes se lèvent en se disant que le jour qui vient sera meilleur que celui d'avant et que la vie de leurs enfants sera meilleure que la leur.

Nous avons eu, nous aussi, cette foi dans le progrès. Et nous l'avons perdue. Nous sommes devenus précautionneux et craintifs. Presque superstitieux, pour tout dire. Nous avons fait le procès du progrès et nous l'avons accusé d'être la cause de toutes les apocalypses : guerre, totalitarisme, pollution et destruction de la planète. Des philosophes ont réécrit l'histoire en concluant que les Lumières avaient pavé le chemin d'Auschwitz. Alors nous avons instauré un moratoire sur la raison. Nous avons inventé une nouvelle religion, celle de la décroissance, qui consiste à brider les capacités les plus hautes de l'esprit humain.

J'ai fait mes premières armes en politique à la fin des années 1970, quand la France lançait les chantiers du nucléaire civil, du TGV, du Concorde et d'Airbus. À cette époque-là, nous pensions encore que nous pouvions dessiner notre avenir et l'améliorer en allant toujours plus loin et toujours plus vite. Nous étions plus forts et moins mélancoliques. On m'accusera peut-être d'être un dinosaure industrialiste. Un néopompidolien attardé. Peu importe. J'ai décidé de dire ici toutes mes convictions sans biaiser. Et l'une de mes convictions les plus intimes, c'est que nous avons besoin de retrouver cette foi dans le progrès qui durant des siècles nous a projetés vers l'avenir et nous a donné des ailes, que nous avons coupées.

C'est un état d'esprit, c'est une dynamique de vie qui nous pousse en avant et nous conduit à inventer, à risquer, à oser. Il est faux de penser que le passé était meilleur que le présent et que le présent est moins pire que l'avenir. Il est humain de ne garder du passé que les bons souvenirs mais ceux-ci ne font pas l'histoire. La nostalgie repose sur beaucoup de refoulements et d'illusions rétrospectives. Y a-t-il un seul progrès scientifique que nous devrions regretter ? C'était mieux avant, dit-on. Vraiment ? Tous les dix ou tous les vingt ans, les hommes étaient arrachés à leur famille pour aller à la guerre dont beaucoup ne revenaient pas, l'espérance de vie ne dépassait pas soixante ans, un enfant sur deux mourait avant l'âge adulte, la grippe décimait des pans entiers de la population. Mais face à cette adversité, nos ancêtres regardaient l'avenir avec confiance, ils traçaient des routes et des canaux, ils élevaient des barrages, ils repoussaient les attaques de la nature, ils pensaient que le savoir qu'ils apprenaient dans les écoles les rendrait libres, ils s'enthousiasmaient pour les découvertes et les inventions qui changeaient leur vie. Leur vie était dure mais leurs espoirs et leurs rêves d'amélioration les motivaient.

Aujourd'hui, tout ce qui touche au progrès est suspect ! Tout rapport avec le futur est présumé hérétique. Nous sommes blasés et tétanisés. Nous avons appris à avoir peur de tout, du nucléaire, des organismes génétiquement modifiés, du gaz de schiste, des nanotechnologies, de la mondialisation, de l'étranger qui frappe à notre porte, et même du voisin de palier. À la première inquiétude, on est conduit vers une cellule psychologique. Au premier accident, on exige une loi, un règlement. Nous sommes tombés dans le chaudron de la précaution. Ce n'est pas avec ce bagage-là que nous affronterons ce siècle. Comment serons-nous capables de relancer l'économie et la croissance, de conquérir de nouveaux marchés, d'être au premier rang de l'innovation scientifique, si nous restons enfermés dans cette paranoïa diffuse mêlée d'égoïsme que nous nous inoculons tous les jours ?

Cette attitude est mortifère et elle est, au demeurant, viscéralement contraire à l'esprit français qui, tout au long de l'histoire, s'est révélé exceptionnellement créatif et courageux. Nous ne redeviendrons pas le grand pays que nous pouvons et que nous devons être, si nous ne nous réconcilions pas avec l'idée du progrès qui tire tant d'autres nations vers le haut et qui a été par le passé l'un des moteurs de notre histoire. Ce n'est pas la première fois que la France traverse des doutes et des crises. Elle a su s'en sortir de manière spectaculaire parce que le sentiment du progrès la dynamisait, lui donnait des forces spirituelles. Je ne peux m'empêcher de considérer que l'interminable marasme dans lequel nous nous débattons vient de ce que nous avons perdu ce feu intérieur.

1889 : la France est au bord du gouffre. La crise immobilière, bancaire, puis économique, paralyse l'activité. Nous avons à peine rattrapé notre retard sur les Anglais qui ont été les premiers à exploiter le potentiel de la machine à vapeur, et voilà que les Américains ont un nouveau prodige technique entre les mains, avec l'électricité. Dans les rues de Paris, on ne parle que du scandale de Panama, le sentiment antiparlementaire s'exacerbe, et les partisans du général Boulanger rêvent d'un coup d'État qui n'aura pas lieu. Les journaux titrent sur « la grande dépression ». Et pourtant le culte de l'innovation est si fort qu'il portera la France à l'apogée de sa prospérité en 1900. Photographie, électricité, téléphone, métallurgie fine, automobile, aéronautique, il y a dans notre pays une extraordinaire effervescence technologique. En l'espace d'une dizaine d'années, on passe de la « grande dépression » à la Belle Époque. La puissance du travail, la stimulation de l'investissement et la fougue de la créativité ont effacé en quelques années un retard qui paraissait insurmontable.

1958 : plombée par le déficit extérieur et budgétaire, la France se demande comment « boucler ses fins de mois ». Dès la première semaine de son mandat, de Gaulle engage une « remise en ordre » sans laquelle, ce sont ses mots, « nous resterons un pays à la traîne, oscillant perpétuellement entre le drame et la médiocrité ». La suite de l'histoire est connue : réduction drastique de la dépense publique, rétablissement spectaculaire de l'équilibre budgétaire, expansion sans précédent, âge d'or de l'industrie française, lancement de grands programmes innovants. Ce redressement n'a pas été qu'une question de « mesures », il a été porté par un état d'esprit.

Bien sûr que notre foi dans le progrès ne peut plus être aussi naïve qu'au XIXe siècle et que la représentation que nous en avons ne peut plus être d'une linéarité parfaite. Bien sûr que la question n'est plus seulement de savoir ce que nous pouvons faire, mais aussi ce que nous devons faire. Bien sûr que le progrès a pu avoir des conséquences néfastes. Mais ces imperfections ont toujours été corrigées. Au fond, le progrès résout les problèmes qu'il pose, il relève les défis qu'il lance. Il est dialectique. C'est en tout cas ma conviction. Et si l'on se retourne sur les décennies écoulées, je ne crois pas que les faits la démentent. Bien sûr que je partage le souci de protéger nos milieux naturels et de rechercher une croissance plus économe en énergie et en matières premières. Mais je ne crois pas que ce soit en arrêtant tout que nous y parviendrons. Ce sera en continuant d'innover. Pour moi, l'écologie ne peut signifier moins de technologie, mais plus de technologie.

C'est ce qui me sépare des écologistes actuels. Les premiers mouvements écologistes ont été utiles, importants et courageux. Ils ont lancé une prise de conscience nécessaire, ils nous ont conduits au fil des ans à changer nos comportements, ils ont incité à réorienter l'innovation pour qu'elle soit au service de la lutte contre les dangers qui menaçaient notre planète. Mais les thèses de leurs successeurs sont souvent inadéquates, quand elles ne confinent pas à l'absurde. Elles conduiraient à une régression insupportable qui ne pourrait s'imposer que par des méthodes incroyablement autoritaires qui s'accordent d'ailleurs assez mal avec l'image d'anti-autoritarisme cultivée par ce courant politique. S'imposer ? Et encore. Le progrès a toujours été plus fort que ceux qui ont voulu l'arrêter ou n'ont pas cru en lui. Un peuple peut s'en détourner, pas l'humanité tout entière. Si nous décidions d'arrêter tout, je crois que nous nous rendrions compte que c'est impossible. Au reste, derrière leur radicalité de façade, les thèses écologistes sont en réalité paresseuses : suspicion généralisée à l'encontre de toute innovation, mâtinée d'anticapitalisme complotiste. Ce n'est pas étonnant puisque ces écologistes sont de plus en plus préoccupés par des questions de société et des manœuvres politiciennes qui n'ont plus grand-chose à voir avec l'écologie proprement dite.

Lors du Grenelle de l'environnement, j'ai salué la performance de Jean-Louis Borloo : il avait su faire dialoguer des agriculteurs, des industriels, des élus locaux et des associations environnementalistes qui avaient fini par trouver un accord alors que tout les opposait. C'était un vrai succès politique. Et malgré tout, je ne peux m'empêcher de penser que certaines de ses orientations entérinaient notre méfiance à l'égard du progrès et notre tendance à lui tourner le dos.

J'ai exprimé mes interrogations à Nicolas Sarkozy quand il a arbitré pour l'interdiction totale des OGM et la fin des expérimentations en plein champ. Je lui ai dit que les OGM représentaient une vraie espérance pour nourrir une humanité dont la croissance risque de poser très vite une grave question alimentaire, et que par ailleurs leur nocivité n'avait pas été démontrée. Il me répondit que leur abandon permettait d'obtenir un deal avec les écologistes qui, si on leur accordait cela, ne feraient pas d'obstruction sur la question du nucléaire. Outre que cette concession m'est apparue bien faible, on peut se demander au fond – l'avenir nous le dira – si les OGM ne seront pas un jour beaucoup plus importants que le nucléaire qui sera probablement dépassé dans un avenir proche par des technologies plus efficaces. Ce qui importait à Nicolas Sarkozy, c'était de démontrer sa capacité à rassembler des forces dont les idées – et les intérêts – divergeaient. Le court terme passait avant le long terme.

La place donnée aux organisations non gouvernementales dans les débats sur les grandes infrastructures se révèle un marché de dupes, puisque ces mêmes organisations soutiennent toutes les actions illégales conduites pour empêcher par la force l'application des lois de la République. On l'a vu récemment sur le site du barrage de Sivens, on le voit depuis des années avec le catastrophique enlisement du projet d'aéroport de Notre-Dame-des-Landes. Il faut choisir entre l'action militante violente et la participation à des processus de décisions démocratiques. Or ces organisations veulent les deux parce qu'elles raisonnent de façon quasi totalitaire, persuadées qu'elles sont d'avoir raison. Elles partent d'un postulat qui rejette la croissance et le progrès, dont découle l'ensemble de leurs décisions. Et quand on croit détenir la Vérité avec un grand V, tous les moyens sont bons. La loi ne compte plus et même les institutions démocratiques sont parasitées. Cette idéologie est aussi dogmatique, aussi intransigeante, aussi pétrie de certitudes que les religions que nos prédécesseurs ont dû faire reculer pour instaurer la liberté de conscience et la démocratie.

Placer le progrès au cœur de notre projet politique commun exige de revenir sur cet absurde principe de précaution qui aurait fait de Pasteur un délinquant et mis au chômage technique la plupart de nos grands inventeurs. Au nom de ce principe, la France vient de renoncer à une totale indépendance énergétique qui était pourtant à sa portée et de se priver de leviers de croissance essentiels, en décidant la fermeture pour des raisons strictement politiciennes de la centrale nucléaire de Fessenheim et en interdisant toute recherche sur l'extraction des gaz de schiste. Quant à l'anathème qui frappe la recherche sur les OGM, il renvoie notre pays dans les ornières de l'histoire de la science. Nous avons décidé de passer notre tour.

Le vent du progrès soufflera ailleurs. Soyons sûrs que d'autres pays se saisiront des chances que nous aurons abandonnées. Nous aurions pu être parmi les premiers, nous serons parmi les derniers. Quel signal pour nos scientifiques qui voient partir en fumée des années de travail et qui pour certains auront bien du mal à refuser les opportunités qui leur seront faites de poursuivre dans des institutions étrangères les recherches qu'ils seront condamnés, ici, à enfermer sous clé dans un placard ! Sur quels secteurs s'abattront les prochains anathèmes dictés par la peur et la superstition ? Les nanotechnologies ? Continuons dans cette voie et nous sommes certains de nous retrouver dans la queue de peloton du monde qui vient. Ceux qui condamnent le progrès sont souvent les mêmes qui renoncent à toute ambition et font comme s'il n'y avait pas autour de nous un monde où la concurrence est de plus en plus rude, un monde au sein duquel nous devons nous comparer aux autres, car c'est le seul moyen pour une nation de savoir si elle va bien ou mal.

Il y a des risques ? Bien sûr que le progrès comporte une part de risque. Le travail des chercheurs est de l'évaluer pour que les hommes puissent choisir leur destin. Personne ne demande que l'on mette sur le marché des produits alimentaires génétiquement modifiés sans une évaluation des risques. Mais refuser le principe même de la recherche sur ces risques, c'est la négation du progrès. C'est la négation de la rationalité. De même pour les gaz de schiste. Il ne s'agit pas de se lancer à l'aveugle dans une exploitation dont on ne mesure pas toutes les conséquences. Il s'agit de permettre la recherche de nouvelles techniques d'extraction respectueuses de l'environnement. Là encore, les ayatollahs du principe de précaution ont réussi à verrouiller le débat afin que même ces recherches soient interdites !

Qui peut reconnaître dans ce refus du progrès le pays des Lumières ? Le pays des pionniers de l'aviation, le pays où l'on a inventé l'automobile, la photographie, le cinéma, les vaccins, le béton, le micro-ordinateur, la carte à puce ? Quel gâchis ! Le monde nous défie et nous lui opposons l'obscurantisme, la jalousie, la peur du progrès, la haine de la réussite, l'égalitarisme aveugle qui conduit à l'exil des talents et à la montée de la pauvreté.

La recherche a besoin de moyens mais aussi de liberté. C'était l'objectif de la bataille pour l'autonomie des universités. Nous n'avons pas besoin d'une recherche publique bureaucratisée où les carrières doivent plus aux syndicats qu'à l'excellence, à l'ancienneté qu'à la prise de risque. Les impôts et les taxes poussent les entreprises à délocaliser leurs productions, et maintenant leurs cadres, vers des pays plus accueillants ; le principe de précaution, la pression des écologistes qui ont investi le ministère de l'Environnement, les lois de bioéthique et les règles bureaucratiques qui régissent les carrières n'incitent pas davantage nos chercheurs à rester en France. Les États-Unis ont toujours été une destination privilégiée pour nos scientifiques, et à présent d'autres puissances commencent à leur offrir les moyens, les contrats et la liberté dont ils ont besoin.

Nous devons poursuivre l'effort de modernisation de notre recherche, nous devons amplifier le programme d'investissements d'avenir pour mieux financer les meilleures équipes et les projets les plus prometteurs, les plus stratégiques pour notre économie comme pour notre société. La décision scandaleuse du gouvernement de Manuel Valls de ponctionner les trésoreries des universités excédentaires pour financer celles qui sont en déficit illustre le terrible contresens d'une gauche qui prétend défendre les intellectuels et les chercheurs, mais qui n'a cessé d'accumuler les pires décisions depuis les lois Savary de 1984, jusqu'à cette négation de l'autonomie naissante de nos établissements d'enseignement supérieur. Je m'honore d'avoir protégé pendant les cinq ans de mon mandat à Matignon les moyens financiers de la recherche et de l'enseignement universitaire. Ce n'était pas aisé dans un contexte de crise économique et financière sévère, mais j'ai tenu bon parce qu'on ne sacrifie pas l'avenir du pays.

Nous avons tous les atouts pour être en moins de dix ans la première puissance européenne. Quels sont les facteurs d'une puissance durable ?

C'est le nombre et la jeunesse de la population. Or nous sommes le pays d'Europe dont la démographie est la plus soutenue. La population française devrait dépasser celle de l'Allemagne vers 2050, alors qu'aujourd'hui ce pays compte vingt millions d'habitants de plus que nous.

C'est la productivité des salariés. Or malgré les trente-cinq heures, nous sommes encore l'une des nations dont les travailleurs sont les plus performants.

C'est l'éducation, la formation et la recherche, et là aussi, malgré nos lacunes, nous pouvons encore compter sur les forces que nous a léguées notre histoire.

C'est la qualité des infrastructures de transports et de télécommunications et de ce point de vue nous n'avons pas à rougir de ce que nous savons faire.

C'est la solidarité et la santé, car il n'y a pas d'efficacité économique de long terme qui soit fondée sur la précarité sociale. Or notre médecine et nos hôpitaux sont parmi les meilleurs au monde.

Ce sont les entreprises d'envergure mondiale qui font notre rayonnement à l'extérieur et qui à l'intérieur fédèrent les filières des PME. Or nous sommes loin devant nos partenaires européens dans cette catégorie. La France dont l'économie décline possède pourtant des numéros un mondiaux avec AXA, Orange, Michelin, LVMH, Kering, Total, Carrefour, Danone, Lafarge, EDF, ENGIE, Vinci… Je sais hélas qu'il est rare de citer ces entreprises comme des atouts français et qu'il est au contraire de bon ton de les vilipender pour leur insolente réussite. La France n'aime plus le progrès, elle n'aime pas non plus la réussite. Chaque année, la publication des résultats de Total est un casse-tête pour la communication gouvernementale. Ce qui devrait être un sujet de fierté nationale, une entreprise qui réalise bon an mal an près de 15 milliards d'euros de bénéfices, est une source de polémiques insensées sur les multinationales sans foi ni loi.

Une puissance durable, c'est aussi une puissance qui détient les instruments de la souveraineté nationale. Or ces instruments sont encore à notre disposition : l'agriculture qui assure notre indépendance alimentaire et une partie significative de nos exportations, l'énergie nucléaire qui garantit notre indépendance énergétique, nos forces armées qui sont les seules véritablement opérationnelles sur le continent.

Et puis il y a notre culture et la beauté de la France qui font de notre pays le foyer de toutes les admirations.

Nous avons un champ fertile et nous le laissons en friche. Nous avons des forces immenses et nous nous empêchons de les exercer. Nous avons des talents et nous les gâchons. Parce que nous avons perdu l'état d'esprit qui les lancerait en avant. Parce que nous avons éteint en nous la flamme du progrès. Qu'as-tu fait de ton talent ? La belle question de l'Évangile résonne dans mon esprit dès que je rencontre des chercheurs qui sont les meilleurs dans leur domaine et qui me disent : j'aime mon pays, c'est ici que j'ai été formé, mais ailleurs on me fait des ponts d'or, on m'offre des laboratoires mieux équipés, une plus grande liberté, pas de menace sur des domaines de recherche décriés comme des inventions du diable, des conditions de travail plus sereines, des conditions de vie plus gratifiantes, en un mot, plus de reconnaissance. Et je me demande : France, qu'as-tu fait des talents de tes enfants ?

XIII

L'éducation

En septembre 2013, j'avais eu l'occasion de parler avec des personnels de l'éducation et des chefs d'entreprise, à Villemomble, en Seine-Saint-Denis. Une table ronde avait été organisée dans un centre social. Des collégiens en situation de décrochage scolaire étaient là aussi, tantôt bravaches, tantôt intimidés.

L'un d'entre eux m'a marqué. On m'avait prévenu, avec un soupir dans la voix, qu'il était en grande difficulté, en très grande difficulté. Il s'appelait Younès. Il avait un visage incroyablement dur, figé, fermé autant qu'il était possible. Le dialogue était difficile. Ses réponses étaient brutales, ses moindres gestes trahissaient une violence prête à éclater. Sans doute parce qu'il était mal à l'aise, il s'enfermait dans un rôle de provocateur, de cas irrécupérable. Je tentai de briser la glace par différents moyens ; cela paraissait impossible. Je lui racontai qu'adolescent j'avais été exclu de mon école pour avoir fomenté une petite rébellion et balancé une ampoule lacrymogène dans ma classe ; son regard semblait me prendre en pitié et me dire que pour lui, c'était *peanuts.*

Je lui ai demandé ce qu'il avait envie de faire plus tard. Il a dit : « Paléontologue. » Stupeur dans la salle. J'ai regardé autour de moi. Je me demandais si j'avais mal compris ; il a dû s'en rendre compte, il a redit : « Paléontologue ! » Des murmures ont commencé à s'élever : « Le logiciel... C'est le logiciel !... » Quelqu'un s'est penché vers moi. Il m'a expliqué qu'à l'école, pour les aider à définir leur orientation, les élèves devaient répondre à un questionnaire sur un ordinateur. La machine analysait les réponses et déduisait le métier qui censément leur correspondait le mieux.

J'ignore si le logiciel avait été particulièrement mal inspiré ce jour-là, si l'élève avait pris un malin plaisir à répondre en dépit du bon sens, ou bien si, plus tristement encore, il n'avait pas compris ce qu'on lui demandait. Toujours est-il que je garde un souvenir poignant de cette scène qui m'a plongé dans un profond sentiment d'absurdité. La bravade dérisoire de ce gamin qui jouait au dur et répétait mécaniquement ce qu'une machine lui avait dicté résumait d'une manière tragique les échecs les plus criants de l'Éducation nationale : son aspect kafkaïen, son impuissance face à des situations de plus en plus nombreuses de décrochage radical, sa difficulté à répondre aux problèmes de formation que pose la dégradation massive du marché de l'emploi. J'ai repensé à la légende dorée. Elle avait beaucoup pâli depuis les origines.

Notre école a été pendant des décennies l'une des grandes fiertés nationales. La mémoire collective retient que sa naissance se confond avec celle de la République ; que le peuple de France, en même temps qu'il congédiait les derniers prétendants à la couronne ou à l'empire, avait assis ses enfants sur les mêmes bancs, devant les mêmes tables et les mêmes encriers, dans des salles de classe qui, partout en France, jusque dans les plus humbles villages, étaient comme des parlements miniatures ; qu'il y a près d'un siècle et demi, des saints laïcs parcouraient les campagnes en guettant l'étincelle du génie dans le regard des enfants pauvres, à qui ils inculquaient les fondements du savoir et de la morale, avant d'orienter les meilleurs d'entre eux vers des institutions d'élite dont ils sortiraient ingénieurs, hommes de science, officiers ou directeurs d'administration, au service d'un pays en plein essor. Qu'importe que la réalité ait été plus complexe. Cette belle histoire ne continuerait pas de marquer notre identité si elle n'avait sa part de vérité. D'une certaine manière, la France a incarné l'école ; aux yeux du monde, la France a été par excellence le pays où l'école était le levier du progrès politique et social.

Par contraste avec cet âge d'or, le présent inspire un sentiment de déclin, de crise latente. Les grandes promesses de l'école républicaine – égalité devant le savoir, emploi à la fin des études, reconnaissance du mérite, ascension sociale des individus, rayonnement du pays – suscitent désormais plus de scepticisme que de foi. D'année en année, les performances des écoliers français descendent dans les classements internationaux. Beaucoup de professeurs doutent de leur vocation et les candidats aux concours d'enseignement sont de moins en moins nombreux. Le système semble avoir perdu en efficacité à mesure qu'il s'est étendu jusqu'à atteindre des dimensions pléthoriques.

Inverser ces tendances est un enjeu vital. Vital pour relancer nos performances économiques, vital pour redonner confiance en l'avenir, vital pour redorer l'image que les Français ont de leur pays, vital pour remettre en lumière les valeurs qui nous rassemblent, que nous recevons en héritage et que nous voulons transmettre. Tout commence à l'école, la vie de chaque individu, bien sûr, mais aussi le devenir de la société dans son ensemble, dont tant de secteurs sont déterminés par les choix que nous faisons pour cette institution.

Le renouveau doit s'appliquer aux structures, mais il doit s'appuyer sur les forces dont nous disposons encore. Ces forces ont un nom : nos enseignants à tous les niveaux, de l'école maternelle à l'université. Tous bénéficient d'une formation très exigeante dans leurs disciplines et ont un sens élevé de leur mission. J'ai rencontré beaucoup de chefs d'établissement qui se dévouent corps et âme à leur travail, dans des conditions qui peuvent être d'une extrême dureté. Comme ministre de l'Éducation nationale, j'ai eu comme interlocuteurs dans l'administration des experts animés par des idéaux nobles. C'est avec eux que l'école doit être repensée.

Nous avons une longue et belle tradition derrière nous. Nous devons la regarder avec fierté, nous devons y puiser des ressources pour la réflexion et l'action, mais nous ne devons pas non plus nous laisser intimider ni écraser par elle. Nous ne pourrons lui redonner vie qu'en remettant à plat tous les termes du débat, en refusant de nous laisser enfermer dans des préjugés anciens, en inventant des solutions qui correspondent à nos défis actuels, comme l'avaient fait en leur temps ceux qui nous ont précédés.

Nous ne referons pas l'école d'autrefois. Beaucoup de choses ont changé depuis l'époque de Jules Ferry. Comme d'autres grands pays occidentaux, la France a connu à la fin des années 1960 une grande crise de la notion d'autorité, une crise philosophique et sociale qui est née dans les écoles et les universités et qui a eu sur elles de profondes répercussions. Elle a ensuite commencé à subir un chômage de masse structurel qui a rompu la continuité naturelle entre les études et l'entrée dans le monde du travail. Elle a accueilli sur son sol des gens dont l'héritage spirituel, aussi riche et ancien que le nôtre, en différait pourtant en profondeur. Enfin, la révolution technologique qui s'est initiée il y a un peu plus de quinze ans, avec l'arrivée d'Internet, est en train de bouleverser radicalement notre rapport au savoir et à l'apprentissage.

Que signifie enseigner à l'heure où l'on dispose avec Internet d'une immense réserve d'informations sur tous les domaines de la science et de la culture ? Que signifie enseigner lorsqu'on a devant soi des classes où la majorité des élèves ne maîtrisent pas le français ? Que signifie enseigner dans un pays où il y a six millions de chômeurs mais où beaucoup d'emplois ne sont pas pourvus faute de vocation et de formation ? Que signifie enseigner dans un pays traversé par des tensions morales, sociales et religieuses inédites qui menacent son unité ? Voilà quelques-unes des questions fondamentales que nous devons regarder en face en écartant tous les dogmes qui tiennent la réflexion à distance de la réalité et la condamnent à tourner en rond.

Cette réflexion est moins que jamais l'apanage d'un parti ou d'un camp. Longtemps, la gauche a été imbue de la croyance qu'elle détenait une sorte de monopole idéologique sur l'éducation. Cette prétention aveugle a débouché sur un échec cuisant. La culture de l'excuse sociologique a justifié bien des reculs devant les montées de la violence en milieu scolaire. L'effort que demande naturellement tout apprentissage est apparu comme un traumatisme insoutenable. La prolétarisation mystique est devenue le seul horizon de carrière des enseignants. Le nivellement par le bas a été systématique.

À cet égard, le quinquennat de Nicolas Sarkozy peut nous laisser un goût amer de rendez-vous manqué. Beaucoup d'enseignants s'étaient lassés du traitement que leur réservait la gauche, qui les considérait comme des électeurs tellement acquis à sa cause qu'elle pouvait sans coup férir dégrader leur condition matérielle en se contentant de les flatter en paroles. Ils avaient été sensibles aux discours de Nicolas Sarkozy sur le rétablissement de l'autorité durant la campagne de 2007. Nous savions aussi que la défiscalisation des heures supplémentaires serait favorable aux enseignants et nous jugions légitime ce coup de pouce donné à leur rémunération. Il faut dire ici la vérité, même si elle n'est pas agréable à entendre : Nicolas Sarkozy n'a pas réussi à nouer un lien fort avec le monde du savoir, qui l'a toujours tenu, non sans injustice, pour un pur homme d'action fermé à ses questionnements. Quoi qu'il ait pu faire en sa faveur, ce rejet personnel l'empêchait d'en être crédité. Ce malentendu a masqué l'ampleur de ses ambitions pour l'enseignement et la recherche, tandis que la gauche jouait sur du velours sans forcer sa réflexion.

Mais en matière de rendez-vous manqué, le quinquennat de François Hollande aura hélas été beaucoup plus loin. Toutes les initiatives qui auront été tentées – et qui pour beaucoup n'auront même pas pu aller à leur terme – auront illustré jusqu'à l'absurde les ornières dogmatiques dans lesquelles la gauche enferme sa pensée et sa méthode. Fallait-il vraiment présenter comme la réforme du siècle une modification des rythmes scolaires qui a cristallisé tous les mécontentements autour d'un enjeu somme toute relatif et qui a paralysé pendant des mois et des mois toute réflexion sur des sujets plus essentiels ? Fallait-il par antiélitisme primaire désigner à la vindicte les professeurs de classes préparatoires dont le niveau élevé d'engagement et de rémunération représente l'une des dernières images attractives du système ?

Et fallait-il faire de l'école primaire le théâtre des dernières controverses sociétales inscrites à l'agenda du Parti socialiste, comme si l'Éducation nationale n'avait pas en premier lieu pour mission d'inculquer des savoirs concrets, culturels et scientifiques, qui développent au maximum de leurs possibilités les facultés intellectuelles des élèves ? Fallait-il supprimer l'enseignement des langues anciennes et les classes bilingues au nom d'un combat absurde contre l'excellence ? Je vois dans toutes ces orientations les symptômes d'une pensée qui marche sur la tête et suscite à bon droit les crispations d'une grande partie des Français et des enseignants eux-mêmes, qui perçoivent très bien cette aberration. On a fait passer l'idéologie avant le savoir, l'endoctrinement avant l'intelligence.

Ma conviction est que notre système a besoin de liberté, de diversité, d'autorité. On va voir que ces trois notions vont ensemble.

Liberté : je veux des écoles, des collèges, des lycées dotés d'une plus grande autonomie, comme c'est le cas dans les grands pays développés qui ont fait progresser leur système éducatif tandis que le nôtre stagnait ou reculait. Cela veut dire aussi : donner aux chefs d'établissement de réels pouvoirs de décision, notamment pour ce qui concerne le recrutement de tous les personnels, la définition de l'usage des heures et des crédits, la clarification des règles et des sanctions disciplinaires. Notre vieux système centralisé est à bout de souffle. Nous ne sommes plus aux temps glorieux de la IIIe République où il y avait un lycée par préfecture et pas davantage. Il faut redéfinir le périmètre des responsabilités qui reviennent à chaque niveau de l'organisation. L'État a un rôle à jouer : il doit garantir les principes les plus généraux, édicter les programmes, fixer le niveau des professeurs, certifier les examens nationaux. C'est déjà beaucoup. Mais il y a un seuil en deçà duquel sa compétence s'enlise et doit être relayée par celle des établissements eux-mêmes. Combien de décisions issues de la rue de Grenelle n'ont franchi le seuil des classes – si jamais elles l'ont franchi – que longtemps après que le ministre qui les avait prises eut quitté son poste, comme ces étoiles dont la lumière nous parvient quand elles sont déjà mortes !

Diversité : cette capacité de décision laissée aux établissements peut et même doit être une source de différenciation. Au nom de quoi les écoles seraient-elles toutes tenues de se ressembler ? Elles peuvent avoir des styles différents. Cela me paraît même relever du bon sens. Le démon de l'uniformité est une des causes de la paralysie du système et de l'insatisfaction qu'il engendre. Quand j'étais ministre de l'Éducation nationale, j'ai été le témoin navré des luttes qui opposent depuis des années les pédagogues réformateurs et les tenants des méthodes traditionnelles – les « pédagogos » et les « réactionnaires », ainsi qu'ils s'invectivent entre eux. Par tempérament et par conviction, c'est avec les seconds que j'étais le plus souvent d'accord. Mais ce débat m'a toujours gêné. D'abord parce que je ne me suis jamais satisfait d'être réduit à l'alternative entre déconstruction et nostalgie.

Nous avons trop tendance à redouter dans toute innovation un délitement et à regarder exclusivement vers le passé pour rechercher nos idéaux, et dans nos débats sur l'éducation, ce blocage mental est criant. Ensuite parce que j'étais frappé par l'incapacité des parties en présence à entrevoir la possibilité d'une pluralité des choix. Chacun voit midi à sa porte et pense que le système tout entier doit se modeler d'un bloc à l'image de ses méditations ou, souvent, de ses obsessions. Depuis des décennies, on ne compte plus les ministres qui se sont rêvés en prophètes changeant la face du monde et imprimant leur marque pour toujours. Ils veulent en général engager le système tout entier dans la direction inverse de celle qu'avait définie leur prédécesseur ! Résultat, ils se retrouvent comme le capitaine Haddock tentant de faire subitement marche arrière sur un vieux cargo lancé à pleine vitesse : avec le levier de commande brisé entre les mains…

Mais pourquoi diable vouloir toujours tout changer à la fois ? Pourquoi vouloir un jour que tout le monde fasse du latin et du grec, et le lendemain que plus personne ne puisse en faire ? Il y a des élèves qui ont besoin d'un encadrement très strict et d'autres qui en souffriront au contraire et ne s'épanouiront que dans une atmosphère plus libérale. Il y a des élèves qui apprendront mieux avec les vieilles méthodes et d'autres auxquels elles conviendront moins que celles prônées par les études pédagogiques récentes. Les cheminements de l'esprit sont divers et au fond il me paraît normal que l'école respecte cette diversité. Interrogez les grands mathématiciens, les grands physiciens, les grands capitaines d'industrie, les grands écrivains, etc. : il y a eu parmi eux des cancres et des premiers de la classe, des rêveurs et des sérieux ; certains ont terriblement souffert de l'autorité à l'ancienne, d'autres se sont formés grâce à elle. Il y a plusieurs demeures dans la maison du père – comme le dit l'Évangile. Les établissements scolaires doivent être libres de se donner une image, un style, une méthode, et les parents doivent être libres de choisir entre ces différentes offres celle qui leur semble la mieux adaptée à leur enfant.

Autorité : la responsabilisation des établissements et en premier lieu de leurs directeurs aura sur ce point, j'en suis convaincu, des effets favorables. Quand les responsabilités sont claires et directes, et non diluées dans une chaîne hiérarchique infinie, il est plus facile de prendre des mesures énergiques, concernant par exemple l'obligation de porter une tenue uniforme. La nécessité de se conformer à des règles strictes est un bénéfice et un tremplin pour des élèves en manque de repères, mal préparés aux exigences de la vie sociale et professionnelle, à qui c'est faire un tort considérable – et trop long à réparer – que de ne pas les confronter à une discipline minimale. De partout l'on sent monter dans notre société cette exigence de discipline. Elle vient souvent de familles modestes qui ne rêvent que de voir leurs enfants réussir leurs études et leur vie professionnelle, et qui savent très bien que ces espoirs ne seront réalistes que s'ils trouvent à l'école un encadrement rigoureux.

L'objectif général, c'est la réussite de tous, c'est-à-dire la possibilité donnée à chacun d'achever ses études en trouvant un travail correspondant à ses goûts et à ses ambitions, tout en disposant des bases culturelles nécessaires à l'exercice de la citoyenneté dans un grand pays développé. L'État doit s'imposer une obligation de résultats. On ne peut laisser des élèves quitter l'école sans rien. C'est dans cet esprit que, lorsque j'étais ministre de l'Éducation nationale, j'avais fait inscrire dans la loi la notion d'un socle commun de connaissances et de compétences dont la scolarité obligatoire doit garantir l'acquisition. Or nous ne pouvons garantir à chacun qu'il quittera l'école avec des savoirs utiles à la construction de sa vie, si nous ne savons pas prendre en compte la diversité des parcours, des aspirations et des formes de la réussite. Cette diversité doit être construite, respectée, institutionnalisée. Ceux qui ont besoin de temps doivent pouvoir trouver ce temps. Ceux qui ne sont pas à l'aise dans la voie générale doivent pouvoir emprunter des chemins de traverse sans que cela soit immédiatement perçu comme un échec. Il faut leur donner la chance de s'épanouir et de réussir autrement. Les chemins de l'excellence sont multiples. C'est le contraire d'une conception uniforme de la réussite qui ne cesse d'être nivelée par le bas par compassion pour ceux qu'elle est censée discriminer et qui du coup finit par ne plus incarner l'excellence pour personne.

Ceux qui ne se résignent pas à ce nivellement des exigences intellectuelles et disciplinaires se tournent, on le sait, vers l'enseignement privé dont l'attraction dans ce contexte n'a pas lieu – c'est le moins qu'on puisse dire – de décroître. Sujet sensible s'il en est. Qu'on n'attende pas de moi que je le dénigre avec les accents d'une dogmatique marxisante encore étrangement vivace chez nous. Il serait honnête au contraire que l'on reconnaisse un jour à leur juste valeur ses mérites dans l'histoire de la vitalité intellectuelle de la France, au lieu de le laisser systématiquement dans l'ombre comme le grand impensé honteux de notre organisation scolaire. Je rappellerai seulement que, parmi les présidents de la Ve République, seuls deux – Georges Pompidou et Jacques Chirac – n'ont pas mis les pieds dans des établissements privés et que – paradoxe des paradoxes – les deux présidents socialistes y ont passé au moins plusieurs années, François Mitterrand ayant même effectué toute sa scolarité chez les pères, comme Charles de Gaulle…

En plus d'exiger d'eux qu'ils nous révèlent jusqu'au dernier centime le montant de leurs bas de laine, il serait intéressant – ce le serait même probablement davantage – de demander aux ministres de l'actuel gouvernement dans quels établissements leurs enfants sont ou ont été scolarisés ; nous serions probablement édifiés. Il règne autour de cette question une vaste hypocrisie dont il serait bon de jeter le masque. Je n'en tire pas de conclusion directe. Je dis qu'il y a là un fait dont on ne peut nier l'évidence sans rendre aveugle toute réflexion sur l'école. L'engouement pour l'enseignement privé est un signe des problèmes que rencontre l'enseignement public sans parvenir à les résoudre et ceux qui vilipendent le premier sont souvent les mêmes qui nient en dépit du bon sens les difficultés du second. Or je crois que nous aurions tout à gagner à regarder en face la relative concurrence qui existe entre les deux types d'enseignement pour aider le public à relever ses propres défis. L'autonomie que je prône peut se lire comme une manière de donner aux établissements publics des moyens d'agir qui font partie des ingrédients de la réussite du secteur privé.

Mais nous ne devrions peut-être pas nous contenter de considérer l'enseignement privé comme une éternelle voie de contournement, un miroir en négatif du public, comme s'il devait s'abolir au jour glorieux où celui-ci aurait résolu ses imperfections. Si l'enseignement privé donne de bons résultats, nous n'avons aucune raison de vouloir nous en passer et nous devrions même desserrer les carcans qui en limitent la portée. Depuis un quart de siècle, la part des établissements privés sous contrat est limitée à 20 %. Il faut se poser la question de savoir s'il convient de revenir sur cette contrainte, surtout si l'on voit naître de plus en plus, dans toutes les couches sociales, une volonté de libre choix qui n'a plus rien à voir avec l'élitisme ni avec les vieux ressorts religieux de la « guerre scolaire ». Je n'ai pas sur ce point de doctrine établie. Je soumets cette question à une réflexion qui prendra le temps qu'il faudra.

En revanche, j'ai déjà établi une série de mesures concrètes qui déclineront mes convictions et qui redéfiniront clairement les missions de l'école tout en correspondant aux injonctions du bon sens. J'abaisserai à cinq ans au lieu de six l'âge de la scolarisation obligatoire pour donner plus de temps à l'apprentissage de la lecture et atténuer les inégalités liées aux milieux sociaux. Je faciliterai la transition entre l'école primaire et le collège en faisant en sorte que toutes les matières soient enseignées au collège par cinq enseignants tout au plus. J'allongerai le temps scolaire en reportant au mois de juillet les épreuves du brevet et du baccalauréat pour que les programmes soient enseignés jusqu'au bout. Je revaloriserai le baccalauréat – ce que je n'avais pu faire lorsque j'étais ministre de l'Éducation nationale – en le concentrant sur quatre épreuves, les autres matières étant notées par le contrôle continu. Je ferai de l'apprentissage une véritable voie d'excellence en confiant aux régions la responsabilité de l'enseignement professionnel et en redéployant les fonds destinés aux emplois aidés vers les entreprises pour les inciter à embaucher des apprentis qui seront mieux rémunérés. Je définirai un nouveau cadre réglementaire dans lequel les établissements scolaires auront plus d'autonomie, avec des chefs d'établissement responsables, investis de réels pouvoirs, et un conseil d'administration dont le président devra être une personnalité extérieure et le vice-président un représentant des parents d'élèves.

Ces mesures ne seront pas coûteuses et ne donneront pas lieu, en tout cas, à de nouveaux débordements des finances publiques. Ce n'est pas de moyens supplémentaires dont notre école a besoin. Ceux que nous lui consacrons sont déjà considérables et les approches purement quantitatives dont la gauche s'est fait une spécialité ont montré leurs limites depuis des années. Le recours incantatoire au « toujours plus de moyens » est en décalage avec l'ampleur des ressources déjà allouées à l'Éducation nationale et son simplisme est une insulte à l'intelligence. Les comparaisons internationales montrent bien que ce n'est pas le niveau des dépenses qui importe, mais leur bonne utilisation.

La vérité, c'est que c'est notre organisation que nous devons réformer ! L'augmentation des effectifs ne peut plus être la solution de facilité universelle. Au nom de ce dogme, les rémunérations des enseignants ont été sacrifiées. L'attractivité du métier a terriblement diminué et – nombreux sont les membres de jury de concours qui le déplorent – le niveau de recrutement a baissé. Nous ne pourrons relancer notre système éducatif sans revaloriser le rôle social des professeurs, et cela ne passe pas par de beaux discours mais par une reconnaissance tangible en termes de salaire. Là encore, les comparaisons internationales montrent que les enseignants français sont loin d'être les mieux payés au monde et que les pays les plus performants sont ceux qui leur offrent des salaires élevés. Je suis partisan d'une telle revalorisation qui est parfaitement tenable sans fuite en avant budgétaire à condition de maîtriser les effectifs. Entre des enseignants toujours plus nombreux mais qui voient individuellement leur niveau de vie et leur reconnaissance baisser – potion amère de la gauche, qu'elle édulcore à grands coups de mystique collectiviste – et le redéploiement des moyens dont nous disposons en direction d'enseignants mieux rémunérés, avec des missions redéfinies – présence plus grande dans les établissements, bivalence, par exemple –, mon choix est clairement fait.

L'école, qui devrait être le lieu par excellence de la reconnaissance des mérites et des efforts, est devenue celui du nivellement égalitariste par le bas aussi bien pour les élèves que pour les professeurs. Et comment des professeurs qui souffrent de la dévalorisation de leur propre savoir peuvent-ils enseigner aux élèves qu'ils ont devant eux le goût de l'effort intellectuel ? Ce paradoxe cruel est un aspect du lent enlisement dans lequel nous laisse une idéologie grandiloquente qui est allée au bout de ses effets pervers, jusqu'à épuisement. Il est urgent de renouer avec les valeurs originelles qui ont fait la grandeur de l'école française, en remettant le système sur ses pieds et en lui insufflant une liberté dont je suis sûr que l'intelligence des acteurs du monde éducatif saura faire le meilleur usage.

XIV

La foi

Je suis catholique. J'ai été élevé dans cette tradition et j'ai gardé cette foi. Tout a commencé à l'école justement, chez les jésuites. Et puis j'ai été scout. J'ai connu les dortoirs glacés où l'on se réveillait aux aurores en proclamant *Deo gratias* et les réfectoires où chaque repas commençait par le *benedicite.* Comme beaucoup de Français de ma génération, j'ai grandi dans un monde où la religion catholique structurait des pans entiers de la vie sociale, et j'ai assisté, y compris en moi-même, au reflux de son omniprésence. Dans les campagnes de l'Ouest où je suis né, on se pliait à son observance avec un scrupule particulier, une fermeté sans doute plus grande qu'ailleurs et qui m'est plus d'une fois apparue étouffante quand j'étais adolescent. J'ai dit que certains de mes ancêtres ne portaient pas la République dans leur cœur parce qu'ils voyaient en elle l'ennemie de l'Église. J'étais loin de partager ce sentiment. J'ai très tôt réservé ma foi à ma conscience, à l'exercice de ma liberté la plus intime.

Dans ma jeunesse, j'assistais à la messe par routine, par obligation, et j'ai souvent trépigné intérieurement en écoutant des prêches qui se réduisaient à des slogans convenus. L'Église catholique a perdu beaucoup de terrain au XXe siècle. Les causes de ce phénomène historique majeur sont lointaines, profondes et complexes, mais je ne peux m'empêcher de penser qu'il a été accéléré par un certain infantilisme dont le souvenir m'est pénible et qui ne pouvait plus trouver d'audience dans une époque où les individus aspiraient à autre chose qu'à tenir humblement leur place dans un ordre immuable. Quand on a le privilège de s'adresser chaque semaine à des fidèles qui ne demandent qu'à entendre des messages utiles pour mener leur vie, il est regrettable de gâcher ce rendez-vous en répétant sans cesse les mêmes banalités sur les textes sacrés. Combien de fois ai-je eu envie de me lever de mon banc, de monter en chaire et de réveiller une assemblée endormie, qui n'attendait que le dernier coup de cloche pour foncer à la pâtisserie acheter le dessert du dimanche !

Je suis sévère, mais c'est au fond parce qu'il s'agit là de quelque chose qui compte pour moi. Les notions de pardon, de charité, de transcendance – que j'évoque sans prétendre à la précision du théologien – ont à mes yeux une valeur très forte dans un monde où la violence, le ressentiment, l'absence de pitié continuent de miner les rapports humains. Je vois dans la religion une force intérieure qui appelle la vie à s'élever vers un idéal. Elle est depuis les commencements une formidable tentative pour humaniser une humanité désespérément sauvage et lui donner l'espoir d'une éternité qui rende son bref passage sur la terre plus supportable.

J'ai eu des liens très forts avec des hommes d'Église qui m'ont marqué par leur humanité. L'abbé Dubois a été l'un de ceux-là. C'était mon professeur de sciences naturelles au collège et l'aumônier de la troupe scoute dont je m'occupais. Je l'ai revu ensuite pendant assez longtemps ; il est venu au pays de Galles pour célébrer mon mariage. Il faisait des recherches sur les coléoptères qui l'ont conduit à explorer la forêt amazonienne et la jungle de Bornéo. Il appartenait à sa manière à cette lignée de personnalités religieuses qui ont concilié la science et la religion et les ont pour ainsi dire enrichies l'une par l'autre, comme Teilhard de Chardin, jésuite, paléontologue et philosophe visionnaire, l'abbé Henri Breuil, prêtre et préhistorien qui fit considérablement progresser notre connaissance de l'art pariétal, ou Georges Lemaître, chanoine et astrophysicien qui a été l'un des premiers à formuler la théorie aujourd'hui connue sous le nom de Big Bang.

Il m'est arrivé de l'interroger sur le sens qu'il donnait lui-même à cette coexistence heureuse de la foi et de la raison qui transparaissait dans sa personne. Il me répondait que le regard de biologiste qu'il portait sur la vie accroissait son émerveillement devant la Création, en lui révélant dans les moindres détails sa variété et son ingéniosité. Le regard qu'il portait sur l'humanité n'était pas si différent. Pour lui, l'être humain était en quelque sorte l'élément le plus complexe de la Création, le plus sophistiqué mais le plus faillible ; par la connaissance – connaissance de soi, des autres, de l'univers –, cet être s'ouvrait à la richesse de la Création, richesse inépuisable dont l'évidence était comme une barrière retenant de faire le mal, de détruire, de souiller. Ses multiples voyages à la recherche des spécimens de coléoptères l'avaient conduit dans différentes aires de civilisation. Il avait rencontré des peuples vivant à l'écart de la civilisation technicienne. Il revenait admiratif des formes variées que l'humanité inventait pour organiser son existence matérielle en relevant les défis des sols et des climats, et pour exprimer ses aspirations à la spiritualité et à la transcendance. Sa foi dans la richesse du monde créé et dans la valeur de la vie en était renforcée. Je garde de lui le souvenir d'un homme rare, compréhensif, ouvert et profondément bon. Il a beaucoup compté pour moi.

J'ai rencontré Jean-Paul II, brièvement, au milieu d'une délégation dont chacun des membres était appelé à s'entretenir avec lui sur les marches de Saint-Pierre. C'était il y a plus de dix ans, peu de temps avant sa disparition. On le sentait diminué ; l'abnégation avec laquelle il exerçait sa charge n'en était que plus émouvante. Sa lutte visible contre les souffrances infligées à l'esprit par le corps coïncidait avec l'un des messages les plus profonds des Évangiles, celui qui nous appelle à faire de nos épreuves, aussi cruelles et absurdes soient-elles, des occasions de nous grandir. J'ai vu Benoît XVI plus longuement, lorsque j'étais Premier ministre. Notre conversation en tête à tête fut géopolitique, davantage que spirituelle. Ce théologien à l'intelligence acérée analysait les relations internationales avec une précision et une aisance qui devaient lui venir des longues années qu'il avait passées à étudier les ouvrages les plus ardus de la métaphysique scolastique. Sa renonciation m'a surpris et impressionné. Je lui ai trouvé autant de courage qu'à la persévérance de Jean-Paul II ; c'est l'un des mystères de la vie que deux attitudes si différentes – et si contradictoires en apparence – soient en définitive aussi sublimes l'une que l'autre. À l'heure où j'écris, je n'ai pas encore rencontré le pape François. J'espère le faire bientôt. Il dégage une force et une compassion qui rencontrent un écho puissant.

Chaque année, je rends visite aux moines bénédictins de Solesmes. Ce sont mes voisins. L'abbaye qui domine la vallée de la Sarthe a célébré son millénaire en 2010. Comment ne pas être empreint de respect et d'humilité devant une institution qui transcende à ce point les siècles ? Je m'y ressource.

Ma vie spirituelle reste marquée par le message du Christ, mais ma pratique religieuse est assez libre, trop peut-être aux yeux de ceux qui ont la nostalgie d'un ordre ancien où le culte dictait sa loi aux conduites de chaque jour.

Ai-je tort de considérer que le cœur de la religion réside dans la spiritualité plutôt que dans la manière dont elle régente la vie matérielle ? Je garde un souvenir étrange d'une polémique que j'avais involontairement déclenchée, en 2012, peu avant l'élection présidentielle. Un débat s'était élevé autour de l'abattage rituel, systématiquement pratiqué par certaines sociétés privées pour des raisons de coût et d'organisation, de sorte qu'il arrive que nous mangions de la viande halal ou casher sans le savoir. Marine Le Pen avait monté ce sujet en épingle pour dénoncer une islamisation rampante de la société. Nicolas Sarkozy s'était élevé contre une telle généralisation tacite des abattages rituels. Pour ma part, j'avais exprimé l'idée que les religions gagneraient quelquefois à actualiser certains de leurs prétendus dogmes, qui ne sont souvent que des pratiques ancestrales sans véritable signification spirituelle ; ainsi l'abattage rituel, qui est l'héritage lointain de nécessités sanitaires empiriques très anciennes n'ayant plus de justification réelle au XXIe siècle. Je n'avais pas eu le moins du monde l'intention de choquer ; j'avais exprimé une conviction profonde, personnelle, celle qui dans ma propre vie me fait préférer la spiritualité au formalisme. Ces propos suscitèrent un tollé. Les représentants des trois religions monothéistes les condamnèrent à l'unisson – les catholiques, qui n'étaient pas concernés, ayant même été les premiers à monter au créneau. Ils expliquèrent que le chef du gouvernement n'avait pas à se mêler de la vie religieuse. En l'occurrence, il s'agissait tout de même aussi bien d'ordre public que de respect de la loi.

Sur ce point comme sur d'autres, les religions ne peuvent pas se considérer comme des enclaves inaccessibles à tout débat. La dialectique des droits et des devoirs les concerne comme chaque citoyen, comme chaque organisation constituée sur le sol de la République. Je n'ai évidemment jamais considéré que la laïcité fût une arme destinée à éradiquer le fait religieux. Son sens profond réside à mes yeux dans la liberté qu'elle laisse à chacun de choisir ses orientations spirituelles. Mais c'est un fait que la laïcité, héritée des Lumières, implique que l'espace public soit régi par la raison et non par des dogmes quels qu'ils soient.

Lorsqu'en revanche la nation s'interroge sur des questions fondamentales, ayant trait à la vie, à la mort, à l'idée que nous nous faisons de l'être humain, il importe que le point de vue des religions ne soit pas ignoré. Il est un élément de la réflexion éminemment respectable. Cela ne veut pas dire qu'il doive s'imposer s'il va à rebours des changements auxquels la société aspire. Je crois au caractère sacré de la vie que m'a enseigné le catholicisme, mais je considère l'interruption volontaire de grossesse comme un droit fondamental. Il y a longtemps que j'ai tranché en conscience.

J'ai regretté la brutalité avec laquelle le mariage pour tous a été instauré. J'ai voté contre cette loi. Je suis intervenu à la tribune de l'Assemblée nationale pour demander au gouvernement de ne pas imposer à la société française une réforme qui heurtait la conscience de beaucoup de nos concitoyens. Je n'ai pas aimé ce débat qui a donné lieu à des caricatures et à de détestables tensions. Homophobie d'un côté, anticléricalisme de l'autre : cette guerre de tranchées m'a paru inutile et dangereuse dans une société pétrie d'inquiétudes et en quête d'unité.

Je comprends le désir des couples homosexuels d'être reconnus pour ce qu'ils sont : des êtres qui s'aiment, qui veulent que la société reconnaisse la pureté de leur sentiment et qu'en gage de cette reconnaissance elle leur confère tous les droits liés au mariage. Mais je conteste le désir d'enfant qui ne peut être assouvi qu'à travers l'adoption ou la gestation pour autrui et qui remet en cause un des principaux fondements de notre société, celui de la filiation.

Il y avait mille manières de faire progresser la reconnaissance des couples homosexuels sans provoquer les heurts que l'on a connus. François Hollande a cru mettre ses pas dans ceux de François Mitterrand abolissant la peine de mort. Ce fut une grande erreur de jugement. Il n'a réussi qu'à exacerber les tensions, à donner un étendard inattendu à une partie de la droite qui fait désormais de cette question le seul critère de ses choix politiques.

Dès qu'a commencé le débat sur le mariage pour tous, j'ai fait savoir que, si j'en avais l'occasion, je proposerais aux Français une nouvelle écriture de la loi Taubira, sans remettre en cause le principe du mariage, mais pour éviter tout franchissement des lignes rouges que constituent à mes yeux la procréation médicalement assistée et la gestation pour autrui. Je n'ai jamais varié sur ce point. Il faut arrêter de se raconter des histoires : aucune majorité ne reviendra sur le mariage pour les couples homosexuels. Il faut en revanche corriger les excès de cette loi. Il n'y a pas de droit à l'enfant. Cette notion est profondément malsaine. Elle procède d'un incroyable égoïsme qui fait de l'enfant un simple instrument du bonheur de ses parents.

Autant je suis partisan de foncer sur les réformes économiques, autant je crois à la nécessité de prendre le temps du débat sur les questions de société. La France est aujourd'hui touchée par une telle peur du vide, une telle inquiétude autour de l'avenir que chaque réforme touchant les fondements de notre civilisation doit être abordée avec beaucoup de prudence.

Il est stérile, quand survient un tel débat, de diviser toute une société entre progressistes et conservateurs et d'enfermer les citoyens dans ces catégories. Chacun de nous regarde vers le passé et vers l'avenir. Chacun de nous peut faire le compte dans le passé de ce qui était imparfait et qui ne reviendra jamais, tout en ayant le sentiment de quelque chose qui était plus beau et qui s'est enfui. Chacun de nous peut voir dans l'avenir une promesse et une menace à la fois. Il y a en chacun de nous un progressiste et un conservateur, une envie de changement, une volonté de comprendre les nouvelles générations, et une crainte de perdre les repères que notre histoire nous a légués.

Nous sommes pétris de contradictions intimes. Elles sont d'ailleurs inhérentes à une nation qui a le goût de la culture et de la réflexion. Les grands moments de la vie d'un peuple sont ceux où il sait convertir ces tensions en énergie. Le rôle d'un président de la République est de prendre en compte les aspirations contradictoires qui traversent ses concitoyens et de les concilier en faisant la part des choses. Il n'est pas d'affaiblir un pays déjà confronté à la tempête de la mondialisation en créant maladroitement, tel un apprenti sorcier, les conditions d'une radicalisation de la société qui n'aboutit qu'à lui faire tourner ses forces contre elle-même.

XV

Paysans de l'Ouest

Paysans de l'Ouest est le titre d'un ouvrage de l'historien Paul Bois – paru en 1960 – qui cherchait à démontrer que les structures économiques et sociales déterminent les choix politiques. Il mettait par exemple en évidence que les régions de fermage sont plus à droite que celles qui pratiquent la tenure. J'ai souvent vérifié cette théorie dans ma circonscription de la Sarthe. Sans aucune raison évidente, des communes votaient toujours à droite et d'autres toujours à gauche ; peu importait que les candidats soient bons ou pas. C'était le poids d'une organisation séculaire qui se faisait sentir.

Je suis sensible à ces continuités profondes, à cette longue durée historique, à ces traditions qui sont inscrites dans notre sol et qui dépassent l'échelle de nos vies. Nous sommes tous descendants d'hommes et de femmes qui ont travaillé la terre, en des temps plus ou moins reculés, et ceux de nos ancêtres qui avaient délaissé la charrue quelques générations avant nous vivaient encore, pour beaucoup, dans des paysages façonnés par les contraintes et les rythmes de l'agriculture. Mes parents, qui appartenaient à la bourgeoisie provinciale, vivaient dans un village, Cérans-Foulletourte, où l'on comptait à peine plus de mille cinq cents habitants à l'époque. Mon père était notaire de campagne ; il connaissait à peu près tous les paysans des environs, il passait des heures à compulser les archives pour débrouiller d'épineuses questions de droits de passage et de délimitations de terrains dont la mémoire était incertaine. À l'école communale, beaucoup de mes camarades étaient fils d'agriculteurs. J'ai gardé avec la campagne où j'ai grandi un lien affectif très fort qui fait qu'aujourd'hui encore, je ressens un léger mal-être si j'en reste éloigné trop longtemps.

Élu conseiller général du canton de Sablé-sur-Sarthe en janvier 1981, je dus, à peine entré en fonctions, affronter ma première crise sociale avec le dépôt de bilan de l'abattoir municipal. Tout au long de ma campagne, des groupes de paysans m'avaient interpellé sur ce sujet qui cristallisait des inquiétudes très grandes. Je décidai de prendre en charge directement, en régie municipale, la gestion de cet outil vital pour notre territoire. À vingt-sept ans, je me retrouvai directement responsable de la gestion de cent vingt salariés. Depuis ce jour, je n'ai cessé d'accompagner les agriculteurs et les entreprises agroalimentaires de ma région dans leur développement. Je crois avoir réussi à établir avec eux une relation de confiance, même si le dialogue n'a pas toujours été serein. Les paysans ne pratiquent pas l'artifice. Ils expriment leurs sentiments avec pudeur et leurs colères avec excès.

Je me souviens d'un accueil assez rude lors d'un comice agricole à Sablé, quand j'étais ministre de la Poste, des Télécommunications et de l'Espace. Pendant vingt ans, j'ai présidé ce comice agricole. Exceptionnellement, ce jour-là, je n'avais pas participé au traditionnel petit déjeuner des jurés, à 7 heures du matin, autour d'un plat de tripes et d'un verre de vin. De retour d'une visite à Cap Canaveral où j'avais rencontré le patron de la Nasa – avec lequel nous négociions la réalisation d'un cargo pour ravitailler la station spatiale internationale –, je n'étais arrivé qu'en fin de matinée. À l'entrée du champ de foire, une grande banderole m'attendait : « François, tes fusées te font rêver, nos vaches nous font crever. » L'auteur de ce message peu amène était un agriculteur de Juigné-sur-Sarthe dont le soutien ne m'a jamais fait défaut. Pourtant je ne crois pas l'avoir une seule fois entendu me faire un compliment ou exprimer une satisfaction. Il faut savoir décrypter ce langage. C'est le langage d'une profession marquée par une extrême précarité, qui dépend d'une nature imprévisible, a le sentiment d'être exploitée par un système de distribution injuste et éprouve un besoin profond et légitime de reconnaissance.

En 1986, j'ai participé à la création du premier label rouge de viande bovine : le « bœuf fermier du Maine ». L'individualisme des éleveurs avait empêché le développement de cette forme d'organisation de la production qui a si bien réussi pour la volaille. Là est pourtant l'avenir de notre élevage, qui ne survivra qu'en s'organisant de façon plus collective et en élevant la qualité de ses productions pour se différencier des pays qui misent tout sur l'industrialisation de leur agriculture. Ce fut une belle aventure que ce label rouge. Je l'ai menée aux côtés de Raoul Vadepied, sénateur-maire d'Évron, qui régnait en maître sur la belle région des Coëvrons en Mayenne. Cet ancien marchand de bestiaux parlait avec un fort accent dont il jouait avec une habileté florentine pour conserver à ses propos toute l'ambiguïté dont il avait besoin ; il tutoyait François Mitterrand et Félix Houphouët-Boigny. À l'époque, j'avais à peine plus de trente ans, et lui près de quatre-vingts ; sa carrière politique était derrière lui. Il m'a beaucoup appris. Il fait partie de ceux qui m'ont ouvert les yeux sur les particularités et les richesses du monde agricole, de ceux qui m'ont inculqué un respect sans limites pour les paysans de l'Ouest et de toute la France.

Je ne me suis jamais lassé de ces contacts privilégiés avec des personnages exceptionnels par leur vérité et l'amour qu'ils ont pour leur travail. Je connais bien, depuis de très longues années, un éleveur de bovins de Notre-Dame-du-Pé qui collectionne les prix au Salon de l'agriculture pour ses taureaux « Maine Anjou », une vieille race née au XIXe siècle qui, en 2004, a pris le nom un peu trop banal de « rouge des prés ». Avec l'une de ses bêtes, Bienbon, mille deux cents kilos sur la balance, il a remporté le concours du taureau le plus lourd du salon à trois reprises. La fierté de son propriétaire était celle d'un artisan qui recherche la perfection.

Les responsables politiques qui veulent se faire voir dans les allées de ce rendez-vous agricole national donnent souvent le sentiment de sacrifier à un folklore, de rendre un dernier hommage condescendant aux représentants d'une France déjà disparue. Ils méconnaissent le savoir-faire, la technicité, la culture de ces paysans. Ils ignorent aussi leur profondeur, leur sagesse, leur sens de la vie. Le propriétaire de Bienbon a perdu sa femme il y a quelques années. Pendant l'hiver 2013, je lui rendis visite dans sa ferme ; il me confia qu'il allait chaque jour sur sa tombe, après le travail. Tout en lui témoignant mon admiration, je lui demandai s'il ne regrettait pas de manquer le Salon de l'agriculture. Il me foudroya du regard et me dit qu'il irait à Paris, mais qu'il referait chaque soir le voyage pour être au rendez-vous de ses souvenirs, sans sacrifier sa fierté de montrer à la France entière le résultat de son travail, de son art.

Évidemment, ces paysans ne peuvent qu'être humiliés par les milliers de règlements et les avalanches de contrôles qui leur sont imposés par des fonctionnaires qui font leur devoir mais qui ne pourront jamais comprendre les ressorts de leur vocation. Leurs modes de revendication ne les ont pas toujours rendus très populaires auprès des Français, mais c'est pour leur survie qu'ils se battent. Pour eux, pas d'indemnité de chômage, pas de trente-cinq heures, pas de code du travail, et souvent pas de retraite décente. Quand ils descendent dans la rue avec leurs tracteurs, c'est parce que les cours de leurs productions ne couvrent plus depuis longtemps leurs dépenses et que cela fait des mois qu'ils ne se sont pas versé le moindre salaire. Ils sont individualistes – même s'ils savent s'entraider – parce que personne ne peut faire leur travail à leur place, parce que chaque champ est différent des autres, parce qu'ils connaissent leur terre et leurs bêtes comme on connaît des êtres chers. Je ne tombe pas dans un lyrisme rural. Les GPS, les tracteurs suréquipés, l'informatique, la spéculation sur les cours des matières premières ne changent pas la nature profonde des paysans. Ce sont des artisans, des hommes de l'art qui aiment leur métier et qui n'ont pas le droit ni le loisir de tricher. Ils sont bien différents de ceux qui décident de leur avenir et de ceux qui les caricaturent en les regardant comme de braves jardiniers qui taillent les haies en attendant l'utopique retour à la nature d'une humanité ayant renoncé à toute aventure scientifique pour se convertir à la décroissance.

L'un des compliments dont je suis le plus fier m'a été fait en février 2015, lors d'un déjeuner de travail avec des agriculteurs du Haut-Doubs. Dans la commune de Courvières, j'avais visité une ferme tout entière consacrée à la production de lait pour le comté. Nous étions attablés à l'auberge de la Haute Joux, à Boujailles, au milieu d'un magnifique paysage enneigé, sous un soleil d'hiver éclatant. La députée Annie Genevard avait organisé cette rencontre. Les responsables agricoles de la région étaient là. Ils en ont vu, des hommes politiques soucieux de cocher la « case agricole » de leurs déplacements en province ! Ils ne s'en laissent pas conter. Aussi ai-je ressenti une grande fierté quand ils ont confié à notre hôte que je savais de quoi je parlais. Quel plus beau compliment pouvaient-ils me faire ? C'est de la campagne que je tire mon expérience de la vie et ma confiance dans la modération et dans le jugement des Français. Je suis l'enfant et l'habitant d'un « pays » au vieux sens du terme. Ces « pays » souffrent d'un sentiment d'abandon. Puisqu'ils sont la mémoire de notre nation, leur dépression doit être sérieusement prise en compte.

Est-ce la nostalgie qui m'inspire ? Pas du tout. Car bien au contraire ces territoires ont un avenir. L'agriculture française est l'un des meilleurs atouts de notre pays. Elle nous assure notre indépendance alimentaire et une sécurité sanitaire qui est l'un des premiers facteurs de l'allongement de la durée de la vie. Elle constitue l'un des premiers postes de nos exportations. Elle nous relie à nos traditions et elle est de plain-pied avec les formes les plus actuelles du progrès technologique.

La première chose à faire pour ces territoires consiste à leur dire la vérité et à bâtir avec eux un nouveau contrat résolument tourné vers l'avenir. Les manifestations conduites par des élus ceints de leur écharpe tricolore où l'on défend le bureau de poste ou la maternité menacés de fermeture n'ont pas stoppé le déclin de nos chefs-lieux de canton et de nos communes rurales. L'évolution des temps est trop forte. Les réflexes de conservation sont compréhensibles, mais sans prise sur une réalité inexorable. Il faut changer notre manière de voir, notre philosophie. Il faut regarder les zones rurales comme des espaces ouverts à la modernité, à la technologie, à un vrai développement durable.

Le numérique abolit les distances et il n'y a aucune raison pour que cela ne concerne que les grandes métropoles mondiales. La France doit se fixer un objectif ambitieux de raccordement aux réseaux à très haut débit de tout le territoire national. Plus un village est reculé, plus il a besoin du très haut débit pour les consultations médicales, pour les rapports avec les administrations et les services, pour le travail à distance, pour l'accès à la culture et à la formation. Les opérateurs privés n'iront jamais jusque dans les vallées reculées des Pyrénées ou des Vosges, c'est donc à l'État et aux collectivités locales de faire le travail. Le président de la Commission européenne, Jean-Claude Juncker, a proposé d'investir plus de 400 milliards d'euros dans les prochaines années pour relancer l'économie européenne : nous devons faire en sorte que le très haut débit pour tous soit au premier rang des priorités de ce plan.

On ne sauvera pas les zones rurales en les laissant empêtrées dans une organisation du territoire d'un autre âge. Il est de bon ton de défendre les trente-six mille communes françaises au nom des traditions, du maillage territorial et d'une forme de solidarité sociale. Ceux qui brandissent ces arguments ne les connaissent souvent que comme des refrains faciles pour leur rhétorique. La réalité est bien différente. La très grande majorité des communes françaises n'ont pas le premier euro pour investir dans leur avenir. Bien sûr, elles se sont regroupées en communautés, souvent dans la douleur et sous la pression d'un État qui leur a fait miroiter la perspective de ressources supplémentaires, d'ailleurs rarement reconduites après quelques années. Mais ces communautés apparaissent aux citoyens comme des structures administratives lointaines, génératrices d'impôts supplémentaires.

Il faut franchir une nouvelle étape. Il faut qu'elles prennent une vraie dimension politique. Il faut leur donner une légitimité démocratique, en les faisant rentrer dans l'agenda électoral des citoyens et donc en établissant le peuple, comme il se doit, à la source du pouvoir de ceux qui le dirigent. Au sein de ces communautés, les communes pourront devenir des arrondissements, avec leur maire et leurs équipes municipales. Ces territoires auront un projet collectif et les moyens de le réaliser. Quand j'étais président du conseil général de la Sarthe, j'avais fait adopter par l'assemblée départementale un schéma d'aménagement et de développement qui reposait sur une dizaine de pôles répartis équitablement, en tenant compte des réalités économiques et sociales et des axes de communication. Il s'agissait de mettre fin à des décennies de compétitions inutiles entre des communes de quelques centaines d'habitants qui rivalisaient pour attirer sur d'improbables zones industrielles des entreprises qui n'y auraient jamais trouvé les infrastructures nécessaires à leur développement. L'émiettement freine les projets d'avenir dont nos territoires ont besoin, et plus le temps passe, plus il apparaît urgent de mettre notre organisation ancestrale au niveau des formes nouvelles de l'activité économique et de la vie sociale.

En matière d'aménagement du territoire, on oscille toujours en France entre une vision misérabiliste et dépassée et un parisianisme arrogant. Combien de fois ai-je dû affronter les jugements péremptoires de hauts fonctionnaires raillant les salles polyvalentes et les ronds-points qui démontreraient la folie dépensière des élus ruraux ! Peut-il y avoir une communauté humaine sans un lieu où elle puisse se retrouver ? Il serait donc scandaleux de dépenser l'argent public pour permettre aux enfants des zones rurales de faire du théâtre ou aux anciens de jouer aux cartes ? Quant aux ronds-points qui ont été généralisés au Royaume-Uni il y a plus de cinquante ans, ils ont permis de sauver des centaines de vies humaines en faisant disparaître de vieux carrefours de nos routes de campagne qui étaient pour beaucoup très dangereux. Les « petits élus » – comme ils se nomment eux-mêmes – ont souvent bien plus de bon sens que ceux qui les jugent si sévèrement, mais qui jouissent à Paris d'une offre culturelle considérable généreusement financée par les contribuables de ces provinces qu'ils accusent de jeter l'argent public par les fenêtres si elles ont le malheur de faire construire de modestes salles polyvalentes…

L'organisation de la santé et de l'éducation doit aussi être profondément repensée. Là encore, il ne s'agit pas de défendre un modèle obsolète que nous n'avons plus les moyens de soutenir, mais d'inventer de nouvelles formes de services et de réseaux, plus efficaces et moins coûteuses. Pour y parvenir, il faut se débarrasser d'une vision égalitariste qui déforme le territoire et les esprits. La montagne n'est pas la plaine ! Le Nord ne ressemble pas à la Bretagne ! Les régions frontalières n'ont pas les mêmes préoccupations que les départements du centre de la France. En 2004, alors que j'étais ministre de l'Éducation nationale, je regardais un dimanche soir le journal de 20 heures de Claire Chazal. Le maire de Larrau, un village de la vallée de la Soule au Pays basque, était interrogé sur la fermeture de la dernière classe de son école.

Mon sang ne fit qu'un tour. Je connais bien Larrau qui est à quelques kilomètres du berceau de ma famille maternelle. Ce fut longtemps le point de départ de mes randonnées en montagne vers le pic d'Orhy, et plus loin vers la belle vallée espagnole de Zuriza. Je fis appeler le maire pour lui promettre le maintien de son école. Certes, il n'y avait plus qu'une poignée d'élèves, mais le chef-lieu du canton est à près de trois quarts d'heure de voiture, car on est en montagne, au fond d'une vallée étroite que suit une route tourmentée. Vu de la rue de Grenelle, toutes les écoles se ressemblent et doivent respecter les mêmes règles. C'est rationnel et confortable, mais – qu'on me pardonne de le dire aussi franchement – c'est idiot. La définition de règles mieux adaptées aux territoires et l'usage généralisé des ressources numériques devraient permettre de maintenir un maillage d'écoles et de pôles de santé qui soit satisfaisant pour tout le monde.

La baisse des dépenses publiques que je préconise n'est en rien contradictoire avec ma volonté de soutenir les zones rurales. C'est l'extravagance de nos déficits qui conduit à des politiques aveugles et injustes. Sans cette pression sur son budget, l'État serait à même de faire preuve d'un peu plus de discernement dans ses choix. Il faut être conscient que lorsqu'on subventionne la réduction du temps de travail, le départ à la retraite anticipée, l'indemnisation sans condition du chômage et les nombreuses journées d'arrêt maladie dans les fonctions publiques, on ne peut le faire qu'au détriment d'une politique ambitieuse d'aménagement du territoire et de relance de l'activité dans les zones rurales.

Cela passe enfin par un accès correct aux réseaux de transport. L'opposition des écologistes à tous les nouveaux investissements dans ce domaine pose désormais un grave problème à notre pays. Leur nombre et leur poids politique ne les autorisent pas à bloquer les décisions de l'État et des collectivités locales, ni à aller contre les décisions de justice. C'est pourtant ce qui se produit depuis que le gouvernement de Jean-Marc Ayrault a reculé devant la violence des opposants à l'aéroport de Notre-Dame-des-Landes en Loire-Atlantique. Ce projet, imaginé de longue date par Olivier Guichard et poursuivi par ses successeurs, vise à doter l'Ouest de la France d'une grande plate-forme aéroportuaire qui reliera ce territoire de plusieurs millions d'habitants à l'Europe et au reste du monde sans être contraint de passer par les aéroports parisiens. Nantes et Rennes seraient en outre beaucoup mieux connectées qu'elles ne le sont à l'heure actuelle, grâce à cette plate-forme commune desservie par des trains rapides.

La conjonction des opposants locaux et des militants écologistes violents a créé une zone d'occupation sauvage et de non-droit, un nouveau Larzac entre Nantes et la Brière. Cette installation illégale aurait dû être combattue avec la plus grande énergie. Il n'en a rien été. Le résultat est désastreux. Un projet essentiel au développement des Pays de la Loire et de la Bretagne est enlisé, et on a laissé se créer un précédent dont se prévalent les écologistes pour bloquer le projet du barrage de Sivens dans le Tarn ou celui d'un centre de loisirs en Isère. Cette situation est antidémocratique. Il y a des élections pour choisir les dirigeants et les programmes ; les écologistes les perdent les unes après les autres. Il y a des procédures judiciaires pour défendre les intérêts privés quand on estime qu'ils sont lésés. L'usage de la violence n'est pas acceptable dans un État de droit. Sa généralisation constituerait un déni de démocratie et un désastre pour les territoires ruraux qui ont besoin d'investissements et d'ambitions pour assurer leur développement.

XVI

L'autorité

Je me suis toujours méfié des discours autoritaires, des coups de menton et des déclarations martiales qui dissimulent souvent la faiblesse et la démagogie de ceux qui les tiennent. L'autorité n'a pas besoin de l'excès. Elle est dans la mesure et dans l'exemple. En se prenant pour le mâle dominant des meutes de loups, certains responsables politiques alimentent la violence et la transgression. Ils sont ce qu'ils prétendent combattre. Comment respecter ceux qui transgressent les lois dont ils devraient être les garants et piétinent les valeurs qu'ils brandissent en étendard ? La première raison de la crise de confiance qui touche nos institutions réside là, dans l'impunité que s'octroient ceux qui s'affranchissent des règles qu'ils sont censés créer ou faire appliquer. Je ne veux pas donner de leçon. Je ne prétends pas être irréprochable, mais j'ai toujours cherché à respecter une éthique de l'action publique que m'ont enseignée mes parents, mes professeurs et mes mentors, Joël Le Theule, Pierre Messmer et Philippe Séguin. Ce sont des hommes politiques dont les noms n'ont jamais été mêlés à ce qu'on appelle des « affaires ». Aujourd'hui, quand éclate un scandale, le premier réflexe des responsables politiques est de faire bloc autour de ceux qui sont mis en cause. On ne lâche pas sa famille et tant pis si cela conduit à trahir le peuple qui vous a désigné pour exercer la plus noble des fonctions, celle de le représenter.

Je reste sidéré par les commentaires que j'ai pu lire à l'époque de l'élection de Jean-François Copé à la tête de l'UMP. Tous les récits qui en ont été donnés par la suite ont montré qu'elle n'avait été possible qu'en recourant à des fraudes massives que mon adversaire, qui assurait le secrétariat général du parti, s'était donné toute latitude d'organiser. On me reprochait ma naïveté tandis que l'on chantait quasiment les louanges de Jean-François Copé dont l'absence de scrupules avait montré qu'il avait les qualités d'un vrai chef… Il avait la franchise d'avouer que la fin justifiait les moyens ! N'affichait-il pas son cynisme avec une désarmante sincérité ? Attendait-on autre chose d'un homme politique d'envergure, s'interrogeaient doctement des observateurs qu'on dit avisés. Si j'invoquais l'honnêteté et la justice, on me répondait que de toute façon on sait bien que dans les partis politiques les trucages sont la règle depuis toujours. On donna en exemple le Parti socialiste où l'élection de Ségolène Royal avait été volée au nom de l'intérêt supérieur des forces coalisées contre elle. Plus encore que l'ampleur des manœuvres qui avaient été orchestrées contre moi, ce qui me frappa ce fut l'image à peu près unanimement répandue d'un monde politique sans foi ni loi, où tous les coups sont permis et où Dieu reconnaîtra les siens.

La profonde crise de l'autorité que traverse notre pays vient de ce que ni les hommes ni les institutions qui devraient être exemplaires ne savent plus inspirer le respect. Le respect ne se crée pas à coups de menton, de règlements tatillons ou de lois tellement pléthoriques qu'on ne s'y retrouve plus. Le respect va à ce qui est respectable et en général le peuple ne s'y trompe pas. Notre État doit réapprendre à être respectable. C'est essentiel pour qu'il retrouve l'autorité nécessaire à son bon fonctionnement et pour que cette valeur redevienne centrale dans notre société.

L'affaire du « mur des cons », sur lequel étaient affichées des dizaines de photographies de politiques affublés de qualificatifs insultants dans les locaux d'un des principaux syndicats de magistrats, résume à elle seule la profondeur de la crise de l'institution judiciaire. La multiplication des affaires donne à tort ou à raison le sentiment d'un acharnement politique, d'une lutte des classes hors de propos – gauche contre droite, magistrats contre élus – et finit par lasser une opinion publique qui pense que tous les hommes de pouvoir sont corrompus mais qu'il faut bien en choisir un dans le lot. Jusqu'au jour où la coupe sera pleine et où les masses silencieuses se révolteront contre le système en confiant le pouvoir au Front national, dont le seul mérite est de n'avoir jamais gouverné. Débusquées par les médias – c'est leur rôle après tout –, les affaires sont rarement instruites jusqu'au bout. Et pourtant, pas une ligne des procès-verbaux des interrogatoires n'échappe à la publication, souvent le lendemain même des auditions. À quoi bon ? Pas de jugement concret, mais un sentiment de suspicion généralisée. Un jeu de massacre permanent qui ne profite qu'à l'extrême droite.

Le rétablissement de l'autorité passe par la modernisation de notre système judiciaire. Les affaires doivent être traitées dans le respect de la présomption d'innocence, sans interférences et dans les meilleurs délais. La justice a besoin de moyens. Plutôt que d'augmenter le nombre des enseignants par pure démagogie clientéliste, il vaudrait mieux donner à la justice les effectifs dont elle a besoin pour accomplir sa mission. Les magistrats doivent être formés dans les universités pour assurer la diversité de leur recrutement. Un concours largement ouvert doit permettre d'attirer des hommes et des femmes venus d'horizons différents, y compris du monde de l'entreprise. Leur indépendance doit être renforcée à l'égard du pouvoir comme de toutes les autres organisations qui semblent exercer sur cette profession une influence inacceptable dans une démocratie.

Un État respectable est un État qui connaît ses missions fondamentales et qui, pour les assurer, utilise à bon escient ses moyens dont il sait qu'ils ne sont pas inépuisables. Le maintien de l'ordre public est une de ces missions fondamentales. Police et gendarmerie doivent être mieux équipées, mieux soutenues, mieux considérées. Il n'y a pas que les voyous qui parlent mal aux policiers chez nous. Combien de fois ai-je vu des notables prendre de haut les hommes et les femmes chargés de les protéger ! Maire de Sablé, j'ai eu le plus grand mal à imposer une modeste police municipale pour faire respecter quelques règles élémentaires de stationnement et le respect des feux tricolores une fois la nuit tombée… Ces polices municipales doivent devenir des polices à part entière. Elles doivent être armées. Tout manque de respect à l'égard des dépositaires de l'ordre public doit être sévèrement sanctionné, quels que soient l'origine, l'âge ou la position sociale de leur auteur. La bataille pour la sécurité publique passe par un nouvel état d'esprit. Les vieilles méfiances à l'égard de la police ne doivent plus avoir cours. Mais les forces de l'ordre doivent aussi prendre leur part de l'effort de redressement national, qui passe par une augmentation du temps de travail dans la police et par une utilisation plus rationnelle de la gendarmerie. Le développement des caméras de surveillance et des radars automatiques permet de libérer du temps pour la présence sur le terrain et la lutte contre la délinquance.

La sécurité routière est une priorité nationale. J'aime les pilotes mais non les chauffards, j'aime la conduite sportive, mais sur les circuits et non sur les routes où la mort est trop souvent au tournant. La politique vigoureuse conduite depuis les années 2000 a permis de sauver des milliers de vies humaines. Elle est pourtant ressentie négativement par les Français qui croient être la proie d'un État toujours à la recherche d'argent. Cette perception ne correspond en rien à la réalité, mais elle a la vie dure. Je m'honore d'avoir eu pendant les cinq années que j'ai passées à Matignon un soutien sans faille de ma majorité. Ce n'est pas tout à fait exact, je dois l'avouer. Une seule fois, en 2011, j'ai dû affronter une fronde sévère de la part de mes amis parlementaires. Ce fut lorsque le gouvernement voulut durcir la répression routière, en supprimant les panneaux qui avertissent de la présence des radars et en interdisant les « coyotes » et autres systèmes qui permettent de prévenir les automobilistes de la présence d'un contrôle. Je n'ai trouvé quasiment personne au Parlement pour soutenir cette politique. Je fus contraint de reculer, au grand dam des associations qui œuvrent pour la sécurité routière.

Quelques jours après cet épisode, j'assistai au départ des 24 Heures du Mans. L'invité d'honneur était mon ami Jean Todt. Il m'entraîna contre mon gré dans la remontée de la grille de départ, devant près de deux cent mille spectateurs massés dans les tribunes le long de la piste. J'étais réticent et j'avais raison de l'être. À peine m'étais-je engagé sur la piste que les sifflets commencèrent à monter. La grille de départ s'étale sur plus de cinq cents mètres et le mur qui protège les stands interdit toute sortie en cours de parcours. Je dus donc affronter de longues minutes de lazzis dans lesquels le mot « radar » revenait très régulièrement.

La conclusion que je tire de ce souvenir un peu pénible, c'est que la responsabilisation des citoyens va de pair avec la loyauté de l'État. Le contrôle routier ne sera jamais populaire, mais nous devons trouver les moyens de le rendre moins arbitraire aux yeux des Français. Ce n'est pas en rajoutant sans cesse de nouvelles règles et de nouvelles contraintes que nous y parviendrons. Les tentatives du gouvernement Valls pour faire baisser à 80 kilomètres/heure la vitesse sur les routes départementales sont contre-productives. La formation des conducteurs, l'amélioration du réseau routier et les innovations technologiques permettront de sauver bien plus de vies humaines.

Récemment, à Toulouse, j'ai été interpellé par une femme qui dénonçait l'absence de loyauté de l'État à l'égard des citoyens. Un radar au bas d'une descente, les règles fiscales qui changent sans cesse et qui s'appliquent de façon rétroactive au mépris de tous les principes de notre droit, les contrôles fiscaux inquisitoriaux, etc., conduisent beaucoup de Français à rejeter l'autorité de l'État parce qu'ils le jugent déloyal. Le défenseur des droits créé en 2008 constitue une première réponse à cette critique. D'autres doivent être recherchées. Les technologies numériques, utilisées de manière rationnelle et ambitieuse, devraient faciliter la consultation des citoyens sur des sujets qui les concernent et qu'ils connaissent bien, parce que c'est leur vie. L'autorité de l'État ne sera rétablie que si l'on apprend à sanctionner les comportements abusifs des administrations et à respecter la bonne foi des administrés.

Dans une démocratie moderne, dans un pays de progrès, l'autorité ne peut pas s'imposer par des sujétions ou des vexations de toutes sortes comme aux temps archaïques. Les citoyens doivent être traités en adultes libres et responsables. L'État-père fouettard ne fait pas partie de mes rêves. Je n'ai jamais aimé le vieux cliché français de la « peur du gendarme » qui réduit notre peuple à un mélange de lâcheté et de roublardise et entretient en contrepartie le paternalisme de nos élites pour qui les citoyens ordinaires sont des fraudeurs en puissance.

Je ne crois pas aux solutions nostalgiques, comme la restauration du service militaire. Je sais que cette idée est populaire dans le pays – surtout chez ceux qui ne sont pas directement concernés ! – mais je n'y crois pas. Dès les années 1980, quand je travaillais sur les questions de défense à l'Assemblée nationale, j'ai été partisan de la professionnalisation des armées que Jacques Chirac mettra en place après son élection en 1995. Le service militaire n'a de sens que pour assurer la défense de la patrie. C'est la menace d'une invasion qui justifie l'organisation d'un service obligatoire pour tous, comme dans les temps reculés où tous les trente ou quarante ans nous étions en guerre avec l'Allemagne, ou comme à l'époque un peu plus récente de la Guerre froide où l'on croyait toujours possible une attaque par les troupes du pacte de Varsovie. Les menaces sont toujours là, mais elles ont changé. La discipline militaire que regrettent beaucoup de Français ne se justifie que par les risques mortels encourus par les appelés. Imaginer qu'on pourrait aujourd'hui, en l'absence de tout risque d'invasion militaire du territoire national, mobiliser pour plusieurs mois tous les jeunes Français et leur imposer une discipline de fer est une pure utopie. Ceux qui le réclament sont-ils d'ailleurs capables d'imposer des règles à leurs adolescents, ou bien souhaitent-ils voir l'État le faire à leur place ?

La suppression du service militaire n'a pas été une mesure démagogique pour plaire aux jeunes Français, mais une décision stratégique. Les menaces actuelles qui pèsent sur notre pays nécessitent pour les affronter des forces professionnelles, équipées et mobilisables sans délai. Une armée de conscription ne peut pas répondre à ce cahier des charges. On imagine la réaction des partisans du retour du service militaire si leurs fils et leurs filles étaient envoyés faire la guerre au Mali ou en Irak. Le service militaire ne peut qu'être universel, sinon il représente la pire des injustices. Or ce sont près de six cent mille jeunes, garçons et filles, qui seraient concernés chaque année. Pour les encadrer sérieusement, ce sont deux cent mille militaires de carrière qu'il faudrait recruter et former. Si l'on y ajoute les forces opérationnelles capables d'intervenir sur les théâtres d'opérations éloignés, cela signifierait que la France devrait se doter d'une armée d'un million d'hommes environ. Voilà donc que le pays le plus endetté d'Europe choisirait d'investir massivement dans la reconstitution d'une armée correspondant aux menaces du siècle passé. Pour faire quoi ? Envahir la Suisse ? La Belgique ? Le Luxembourg ? On me dira que l'objectif n'est pas militaire mais civique. Il s'agit d'inculquer des valeurs nationales à la jeunesse et d'organiser le brassage des classes sociales. Mais n'est-ce pas justement la définition de l'école ? Ne vaudrait-il pas mieux s'attaquer sérieusement à son évolution plutôt que de se lancer dans un contresens historique qui achèverait de déclasser notre pays ? La France n'a-t-elle pas mieux à faire que de rouvrir des casernes et de faire défiler sa jeunesse au pas ? Le sentiment d'appartenance à la nation n'a jamais dépendu principalement de l'existence d'un service militaire. Les États-Unis et le Royaume-Uni ont depuis bien longtemps professionnalisé leurs forces armées et ils font pourtant preuve d'un patriotisme qu'on peut leur envier. La montée des périls au sud de nos frontières exige un effort de défense accru, pas l'organisation de colonies de vacances.

L'autorité dans une vraie démocratie en appelle à la responsabilité individuelle et notamment à la responsabilité des familles. Rien ne remplacera jamais la famille dans la construction de l'être humain, dans son apprentissage de l'autorité et du respect. Les mouvements qui sont nés avec la contestation du mariage pour tous portaient une revendication que je partage : le rôle essentiel de la famille. Sans elle, la société serait déshumanisée, totalitaire, « socialiste » au sens des régimes étouffants des pays de l'Est qui ont perdu cinquante ans de vie et d'histoire au XXe siècle. Sans elle, la vie est faite de solitude, de guichets et de formulaires. La force de la réaction populaire au projet farfelu d'introduire la théorie du genre dans les manuels scolaires s'explique par l'exaspération de voir l'État s'immiscer partout, franchir la porte des foyers pour tout réglementer. Loin d'atteindre ses objectifs, cette politique conduit à la déresponsabilisation. Je ne veux pas voir l'État se substituer à la famille et lui dicter sa conduite. Je veux au contraire que l'État soutienne et encourage les familles. La politique familiale n'est pas une charge, c'est un investissement particulièrement rentable. C'est aussi un outil efficace d'incitation et de sanction pour les familles qui n'assument aucune de leurs responsabilités et qui mettent la communauté nationale en danger. La suspension des allocations familiales pour sanctionner celles qui refusent de faire le moindre effort quand il s'agit d'envoyer leurs enfants à l'école était une décision de bon sens que mon gouvernement avait eu raison de prendre. Sa suppression est une mauvaise décision qui illustre le sectarisme et l'idéologie des premières années du quinquennat Hollande.

L'étatisme de la majorité socialiste est aux antipodes de ma conception de l'autorité. Toujours plus de contraintes et de suspicion pour les honnêtes gens, toujours plus de laxisme et de compassion dévoyée pour les vrais délinquants : ce cocktail explosif fait peser de lourdes menaces sur l'avenir de notre société. Il est une des causes fondamentales de l'immense colère qui gronde dans le pays. Le duo infernal composé par Manuel Valls et Christiane Taubira est malgré les apparences totalement complémentaire, car ils incarnent l'un et l'autre la caporalisation du politiquement correct et la déresponsabilisation des délinquants dont les fautes sont reportées sur la société française. L'invention inépuisable de nouveaux délits de pensée parallèlement à la multiplication des remises de peine pour les infractions matérielles est le symptôme d'un système qui marche sur la tête et ne sait plus, par inconscience ou par lâcheté, définir les vraies priorités. Aucune société ne peut résister longtemps à l'impunité des délinquants et à la culpabilisation sournoise de ceux qui n'ont rien fait. Faire des rodomontades devant les innocents et battre en retraite devant les criminels, c'est délétère. Le respect de l'État et le sens de l'autorité meurent sous nos yeux de cette absurdité dangereuse.

XVII

Les lois de l'hospitalité

Le 4 avril 2013, à l'occasion d'une visite à Sarcelles que m'avait organisée Jérôme Chartier, le député du Val-d'Oise, j'ai rencontré trois femmes remarquables. C'était dans une tour du quartier Joliot-Curie. Yvette, Lydie et Ghislaine sont arrivées à Sarcelles dans les années 1960, au moment de la création de la ville nouvelle. Elles quittaient des logements exigus et inconfortables pour rejoindre la modernité. De l'espace, des services, des équipements. Le progrès. Elles se souviennent d'une époque où Sarcelles était une zone résidentielle qui offrait une qualité de vie souvent inconnue dans les vieux centres-villes. Leurs maris, décédés, étaient cadres ; l'un d'entre eux avait été ici même en charge de l'aménagement de la ville nouvelle.

Dans l'appartement, on était loin du style moderniste des imposantes barres de béton taillées au cordeau. Le décor coquet était tout ce qu'il y a de plus traditionnel, avec des nappes en dentelle et des photos de famille dans le salon. Nous prenons le thé autour d'une table ronde. L'atmosphère est délicieuse, nous discutons de tout, de leurs enfants, de leurs loisirs, de leur histoire. La plus jeune préside une association. Nous prenons des photos tous ensemble, pour leurs amies et pour la postérité.

Le moment approchait de prendre congé pour poursuivre ma visite de cette ville cosmopolite qui compte la plus grande communauté juive de France et la plus importante communauté d'Assyro-Chaldéens, dont le marché du dimanche vibre des couleurs et des parfums du monde.

Un peu plus tôt, lors d'une visite de deux heures dans une école primaire, j'avais eu un échange musclé avec un petit garçon de sept ou huit ans. Il y avait eu une question sur l'égalité entre les hommes et les femmes. J'avais expliqué l'importance du travail pour assurer l'épanouissement et la liberté des femmes aussi bien que des hommes. Un gamin haut comme trois pommes m'avait alors apostrophé : « Si elles travaillent, comment on va les surveiller ? »

Je raconte cette histoire à mes trois charmantes dames avant de les quitter et le monde bascule ! Soudain elles me racontent l'enfer. Le ton a changé. Une violence inouïe transparaît dans leurs propos. Impossible de les arrêter. Elles sont méconnaissables pour décrire les incivilités, les agressions, les insultes, les jeunes qui les bousculent et prennent leur place dans la queue aux caisses du supermarché, la disparition des commerces auxquels elles étaient habituées remplacés par des boucheries halal et des épiceries orientales, l'insécurité, le sentiment de n'être plus chez elles dans leur ville, cette ville qu'elles avaient vue naître et où elles avaient passé la plus grande partie de leur existence. « On n'est plus chez nous » : cette phrase revient en boucle. Yvette parle de ce boucher dont la vitrine a été caillassée parce qu'il refusait de vendre de la viande halal et du procès au tribunal de Pontoise qui pourrait lui rendre justice mais qui ne vient pas ! Elles évoquent les « familles françaises », comme elles les appellent, qui sont parties parce qu'elles ne reconnaissaient plus leur ville et qu'elles s'y sentaient exclues. Elles ne sont pas racistes, mais elles ne peuvent plus comprendre et encore moins accepter le sort qui leur est désormais réservé.

Cette histoire française n'a rien d'anecdotique. Elle est représentative d'une colère qui menace la cohésion nationale. Cette cohésion n'est jamais allée de soi dans notre pays. La situation économique et sociale l'explique pour une part. Quand le travail vient à manquer, quand les logements se font rares, quand le système de santé sature, quand l'école n'assure plus vraiment l'égalité des chances, alors la recherche de boucs émissaires devient inévitable. Mais ces causes ne suffisent pas à expliquer la montée du rejet de l'étranger, la multiplication des actes racistes, les replis communautaires.

La France ne découvre pas l'immigration. Elle a, depuis des siècles, accueilli des générations d'étrangers qui lui ont apporté leur force de travail, des éléments de leur culture et qui ont donné leur sang pour défendre leur pays d'adoption. Polonais, Italiens, Espagnols, Portugais ont tous dû faire face à une forme de xénophobie qui ne caractérise pas plus le peuple français que ses voisins européens. Pourtant ils se sont intégrés et sont souvent devenus presque plus français que ceux qui les ont accueillis. J'ai déjà usé de cette formule dans un discours public. Cela m'a valu une bordée d'injures sur les réseaux sociaux. Des étrangers seraient plus français que des Français de souche ? Horreur ! Je voulais dire que ces immigrés avaient redoublé d'efforts pour s'en montrer dignes. Oui, j'ai rencontré dans mon village de la Sarthe un républicain espagnol qui aimait la France autant que mon père dont tous les ancêtres dorment depuis des siècles sous la terre vendéenne ! Oui, j'ai rencontré dans ma Sarthe un maçon italien qui parlait de la France avec le même amour que celui qu'exprimait de Gaulle ! La France n'est pas qu'un territoire. Elle est un idéal qui fascine encore le monde malgré les erreurs de ses gouvernants et les rides de sa société. Dans la République, personne n'est moins français qu'un autre. Le miracle de la citoyenneté peut faire d'un homme né à des milliers de kilomètres de l'Hexagone l'héritier à part entière du pays des Lumières, de la longue histoire d'une France qui n'a jamais cessé de croire à son exceptionnel destin.

D'où vient donc alors le malaise qu'exprimaient mes trois compagnes d'un après-midi à Sarcelles ? Du sentiment d'exclusion de leur propre pays qu'elles ressentaient douloureusement dans leur vie quotidienne. Cette exclusion résulte d'un échec de l'intégration qui trouve son origine dans les années 1970, quand la croissance économique commence à faiblir et le chômage à s'installer. Les communautés s'éloignent les unes des autres. Un processus de ghettoïsation s'initie. L'école peine à accueillir les nouveaux arrivants qui sont plus nombreux avec l'échec des régimes qui ont succédé à la période coloniale. L'affaiblissement du Parti communiste et de ses satellites prive ces populations d'un encadrement qui ne pouvait mener nulle part mais qui a cependant permis de retarder l'explosion.

L'humiliation sans fin du peuple palestinien et la frustration du monde arabe ont alimenté le dépit d'une jeunesse d'origine maghrébine confrontée au chômage et à l'incompréhension d'une grande partie de la communauté nationale. L'échec est cruel. Comment des jeunes nés en France de parents français peuvent-ils s'enflammer pour l'équipe de football d'un pays qu'ils n'ont pour la plupart jamais connu et qui est tout sauf un modèle de démocratie et de respect des droits de l'homme ? C'est une provocation de leur part, comme celle d'un enfant qui souffre de ne pas être assez aimé de ses parents et veut attirer leur attention. Mais c'est une provocation dangereuse qui alimente les feux de la division et peut déboucher sur une sorte de guerre civile. Tel est le but avoué des totalitaristes islamiques : en multipliant les attentats aveugles sur notre territoire, ils cherchent à instiller la haine entre les Français.

La belle démonstration d'unité nationale après les attentats de janvier 2015 contre la rédaction de *Charlie Hebdo* et une épicerie casher de la porte de Vincennes a démontré la capacité du peuple français à faire bloc contre ceux qui veulent miner les fondements de la République.

Mais cette image du rassemblement du 11 janvier comporte des zones d'ombre inquiétantes. Où étaient les Français de confession musulmane dans cette immense foule ? Les télévisions d'information n'ont pas eu de mal à interviewer des représentants du culte musulman qui avaient fait le déplacement, mais ils étaient bien rares. Les autres se sont-ils sentis exclus de la communauté nationale ? Ont-ils eu peur des réactions de cette foule indignée ? Bien peu de commentateurs ont eu le courage de souligner cette absence. Quant au président de la République, il s'est contenté de surfer sur cette immense vague de solidarité nationale, jusqu'à ce qu'elle meure d'elle-même sur les rivages de l'habitude et de la médiocrité. Pourtant l'occasion était unique d'organiser un vrai débat national sur notre identité et sur le renouvellement de notre pacte républicain. Cet événement dépasse la question de la liberté d'expression.

Nous nous sommes trompés de slogan. Les millions de Français qui sont descendus dans la rue n'étaient pas « Charlie », ils étaient « France ». Ils voulaient clamer leur colère devant le lâche assassinat des humoristes de *Charlie Hebdo*, mais aussi dire leur solidarité avec la communauté juive frappée à mort et avec la famille d'Ahmed Merabet, le policier d'origine algérienne et de confession musulmane qui fut abattu froidement alors qu'il était à terre, boulevard Richard-Lenoir. Dans l'épreuve, ils voulaient clamer leur fierté d'être encore et toujours français. Pourtant le débat a vite repris ses droits et la campagne des élections départementales en mars 2015 a fait renaître l'incompréhension entre les communautés. Les repas dans les cantines, le foulard à l'université, le contrôle des prêches des imams dans les mosquées... Faux débats et vrais débats, tout se mêle pour aboutir à la confrontation.

Le maire de Montfermeil, Xavier Lemoine, qui m'a reçu plusieurs fois dans sa ville, est le témoin du repli communautaire qui mine le pacte républicain. « Il y a vingt ans, les mères d'élèves venaient en jeans aux fêtes de l'école publique. Nous nous embrassions, il n'y avait aucune différence entre nous, me confiait-il en 2013. Dix ans plus tard, elles étaient voilées et nous serraient la main. Aujourd'hui, elles ne sortent que rarement de chez elles. » L'une de ses adjointes en charge des questions sociales se désole de voir des jeunes femmes renoncer aux cours de français qu'elles fréquentaient pourtant assidûment. Un glissement est en train de se produire, qui menace gravement l'équilibre de la société française.

Nous ne sommes pas restés immobiles devant ce danger. Les maires des villes concernées accomplissent un travail exemplaire sans lequel les émeutes de 2005 se seraient multipliées. Le plan de rénovation des quartiers initié en 2004 par Jean-Louis Borloo et le gouvernement de Jean-Pierre Raffarin a permis d'immenses progrès au prix d'un effort financier considérable de près de 20 milliards d'euros.

Pourtant, tous ces efforts restent vains en raison de l'afflux d'immigrants le plus souvent en situation illégale qui rend impossible le travail d'intégration mené par les équipes municipales, les services sociaux et les enseignants. La responsable du Samu social du Val-d'Oise me confiait ainsi son découragement devant les arrivées massives de clandestins et de demandeurs d'asile qui viennent engorger toutes les capacités d'accueil des sans-abri de ce département d'Île-de-France. Alors que notre démographie est la plus dynamique d'Europe, nous n'avons pas besoin, à la différence de nos voisins européens, de l'immigration pour soutenir notre croissance. Dans le même temps, la crise est telle que nous n'avons pas la capacité d'accueillir une immigration supplémentaire. Notre devoir est d'intégrer ceux qui sont nés dans notre pays et ceux qui y sont légalement installés.

Pour y parvenir, le flux de nouvelles entrées doit être sérieusement réduit. Je veux inscrire dans la Constitution le principe selon lequel l'immigration dépend de la capacité d'accueil et d'intégration de la France. Je veux que le Parlement délibère chaque année des quotas de références pour l'ensemble de l'immigration légale. La France a le droit de choisir le nombre d'étrangers qu'elle accepte de recevoir et leurs qualifications professionnelles et de connaître leur région d'origine. Dans cet esprit, l'immigration familiale doit être strictement subordonnée à une perspective d'intégration. Sans cette perspective, il ne saurait y avoir délivrance d'un titre de séjour de longue durée.

L'immigration doit cesser d'être une charge pour la nation. Notre système social est l'un des plus généreux d'Europe. C'est aussi ce qui explique l'afflux en France d'étrangers originaires de pays qui n'ont pourtant aucun lien historique ou géographique avec la France. Pour que l'immigration ne soit plus une charge insupportable, je propose de subordonner l'accès aux prestations sociales à deux ans de résidence régulière en France ; je propose de supprimer l'aide médicale d'État qui a été détournée de son objectif et de la remplacer par une dispense temporaire de frais de santé limitée aux urgences et aux maladies graves et contagieuses, ne pouvant être obtenue que dans les hôpitaux publics et les centres agréés, sous réserve d'un examen de la situation de séjour.

L'asile est un droit que la France a largement contribué à créer dans le monde pour les populations mises en danger par leurs gouvernants ou par la guerre. Hélas, ce droit est aujourd'hui détourné par des migrants qui ne peuvent y prétendre mais qui abusent de nos procédures. En 2014, soixante-dix mille demandes ont été formulées. 80 % ont été rejetées. Mais qui sait que seulement 5 % des déboutés ont quitté la France ? Les autres restent clandestinement, dans l'espoir d'une régularisation. Cette situation met en péril l'ensemble de nos dispositifs sociaux et notamment d'hébergement. Il faut rendre au droit d'asile sa justification, en réduisant le délai d'instruction des demandes à six mois, en organisant l'hébergement des demandeurs dans des centres dédiés et en réduisant le délai de départ volontaire des déboutés.

Quant au contrôle des frontières européennes, il doit devenir effectif. Je suis attaché à la liberté de circulation en Europe. Je n'ai aucune nostalgie de l'octroi, des barrières et des visas, mais la libre circulation n'est pas l'anarchie. Je ne veux pas sortir de Schengen, mais conclure avec nos partenaires un nouveau traité. Un nouveau traité qui prévoira la création d'un corps de gardes-frontières, la mise en place d'un système informatique de contrôle d'identité fiable, une surveillance renforcée des principales voies migratoires et un dispositif particulier pour les États qui n'assument pas leurs responsabilités.

L'acquisition de la nationalité française ne peut être une simple formalité administrative. Elle suppose une adhésion volontaire à notre nation. C'est dans cet esprit que je veux appliquer aux conjoints de Français la procédure de naturalisation avec toutes ses conditions d'intégration. On ne peut pas devenir français sans le vouloir, simplement parce qu'on est né sur notre sol ou que l'on a épousé un Français.

La France doit enfin se doter d'une politique d'immigration qui corresponde à ses traditions, à ses responsabilités et à ses capacités d'accueil. Cette politique doit être débattue démocratiquement pour en finir avec les fantasmes, les non-dits, les tabous qui minent la confiance des citoyens dans leurs institutions. Les gouvernants doivent prendre leurs responsabilités, parler sans détour, affronter les réalités, mais aussi veiller à la paix civile et s'interdire la démagogie et les discours populistes qui fracturent la société.

Une visite en novembre 2014 à la police aux frontières m'en a plus appris à ce sujet que toutes les postures politiciennes. Dans un ancien poste-frontière exigu et vieillot, sur la route de Vintimille, la PAF contrôle et reconduit en Italie chaque jour des centaines de migrants venant de Syrie, d'Irak, de Libye et de la Corne de l'Afrique. La mission de ceux qui travaillent là est extrêmement difficile. Mais ils tiennent à me dire le respect qu'ils vouent aux migrants, des gens courageux qui affrontent tous les périls pour tenter de trouver une vie meilleure. D'ailleurs, me disent-ils, la plupart de ces hommes et de ces femmes ne veulent que traverser notre pays pour se rendre au Royaume-Uni, au Danemark ou en Suède et ils refusent de faire des demandes d'asile en France ! Plusieurs sont d'origine italienne. Ils insistent devant moi sur le fait qu'ils sont eux aussi des immigrés.

On est loin des discours du Front national et parfois hélas de certains militants et élus de ma propre famille politique.

Je quitte ces policiers remarquables pour traverser la frontière et rejoindre le maire et les élus de Vintimille. Ils m'attendent dans un vieux fort qui domine la mer et surplombe un amas de béton qui aurait dû devenir une marina, si toute l'équipe municipale précédente n'avait pas été dérangée dans ses projets par la justice qui les a tous envoyés dormir en prison. Là, nos débats français sur l'immigration n'ont pas cours. L'Italie n'est pas depuis aussi longtemps que la France une terre d'immigration. Elle n'a pas encore de véritable problème d'intégration. Elle voit surtout passer ces poignantes cohortes démunies de tout, qui poursuivent le but de tous les migrants depuis le début de l'histoire de l'humanité : manger à leur faim, échapper à la violence, offrir un avenir à leurs enfants.

Cette rencontre m'a inspiré deux réflexions. D'une part, dans un contexte géopolitique particulièrement troublé, le devoir des gouvernants n'est pas de souffler sur les braises de la haine pour attiser un incendie que plus personne ne pourra maîtriser. D'autre part les fonctionnaires, qui sont l'objet de toutes les critiques, souvent injustifiées, incarnent encore pour beaucoup d'entre eux l'idéal républicain de justice et de fraternité. Bien sûr, il faut réduire leur nombre pour éviter la faillite qui nous menace. Bien sûr, il faut considérablement abaisser le niveau de réglementations et de contrôles qui est en train de tuer l'économie française. Mais il ne faut jamais perdre de vue l'exigence, pour un grand pays comme le nôtre, d'avoir des fonctionnaires d'un haut niveau de formation et d'intégrité.

De ma rencontre avec les trois habitantes de Sarcelles comme de celle avec les policiers de la frontière italienne, je retire la conviction que nous devons repenser à l'idée ancestrale des « lois de l'hospitalité ». Il y a toujours eu et il y a encore des lois de l'hospitalité. Elles sont pour une part inscrites dans le droit, mais elles régissent aussi notre morale et nos attitudes quotidiennes. Tous les peuples du monde les connaissent. Ces lois de l'hospitalité valent pour ceux qui accueillent comme pour ceux qui sont accueillis. Aux uns et aux autres, elles rappellent un devoir de respect. Elles relèvent du bon sens et de la raison, et pourtant elles sont oubliées de toutes parts.

Elles sont oubliées de ceux qui prônent un accueil inconditionnel et pour qui la France n'est jamais assez généreuse. Elles sont oubliées de ceux dont l'imagination n'est jamais à cours de dispositions vexatoires à l'encontre des étrangers ou des Français d'origine étrangère. Elles sont oubliées de ceux qui, venus d'ailleurs, n'ont de cesse d'exiger de la France qu'elle se conforme à leur propre manière de vivre. Elles sont oubliées de ceux qui effacent d'eux-mêmes les marques de notre vieille identité, de peur qu'elles n'apparaissent comme des offenses à ceux qui ont une autre culture.

Les lois de l'hospitalité n'exigent pas que l'on démonte les sapins de Noël simplement parce que l'on présume que les musulmans seraient – peut-être – susceptibles de les percevoir comme une insoutenable agression. Non, je ne crois pas que jamais, à aucune époque et dans aucun pays du monde, les lois de l'hospitalité aient pu impliquer quoi que ce soit de cet ordre. Entre pusillanimité délirante et agressivité mal placée, nous avons perdu le sens de la mesure des choses. Ceux qui ont cru qu'ils pourraient tout demander et qu'ils seraient toujours exaucés l'ont perdu aussi. Celui qui, sur le seuil de sa maison, clame qu'il n'a pas de visage, pas d'identité, qu'il est coupable de tous les maux de l'humanité et qu'il remet son salut entre les mains de l'Autre avec un grand A, celui-là se comporte avec grandiloquence et ne sait pas qu'il existe des lois de l'hospitalité chez tous les hommes de bon sens. Celui qui ordonne de repeindre les murs de la maison à la porte de laquelle il a frappé les ignore tout autant.

Depuis quelques années, on a vu se développer une sorte de laïcité agressive qui, sous de faux airs philosophiques, est en réalité une sorte d'arme tournée contre les musulmans. Cette laïcité-là n'est qu'un prétexte pour les discriminer et leur interdire à peu près tout. Ceux qui la brandissent se fichent bien de la laïcité. Ce qu'ils veulent, c'est voir disparaître du sol français l'islam qui est désormais la religion de plusieurs millions de nos compatriotes ; et tant qu'à faire, c'est rétablir le catholicisme comme religion d'État, au terme d'un bien étrange tour de passe-passe où la laïcité serait détournée et instrumentalisée au service de son contraire.

Il faut percevoir les raisons de cette agressivité qui se répand. Je ne crois pas que les Français qui l'expriment aient simplement peur de la présence de musulmans. Ce dont ils ont peur, c'est que la présence de musulmans nous conduise à changer notre manière de vivre, notre coutume et jusqu'à notre loi. Cette peur ne repose pas sur rien, car ce discours revendicatif, qui demande toujours plus de concessions sur la laïcité, sur l'égalité hommes-femmes, sur la production alimentaire, il existe ; il existe et il entretient cette hystérisation réciproque qui piétine les lois de l'hospitalité.

La religion musulmane doit accepter tout ce que le catholicisme a accepté au cours des décennies passées. C'est cela, pour moi, la laïcité. Ce n'est pas imposer aux musulmans des restrictions vexatoires. Mais ce n'est pas non plus modifier la République pour qu'elle se conforme à l'islam. C'est comprendre que cette acceptation peut prendre du temps, mais ce n'est pas présumer qu'elle est impossible. Souvenons-nous que l'instauration de la laïcité ne s'est pas faite en un jour, par un beau matin de 1905, et qu'elle a secoué la société pendant de longues années.

En 2004, j'ai été au gouvernement l'un de ceux qui défendaient avec le moins d'ambiguïté la loi sur le voile à l'école, parce que l'école est un lieu symbolique et parce que cela concerne des jeunes filles mineures. Cette loi a donné des résultats positifs et ma position n'a pas changé. Mais je suis perplexe quand j'entends que l'on voudrait interdire le voile à l'université – voire dans la rue ! – parce que j'y vois une atteinte à la liberté individuelle de personnes majeures et surtout une surenchère politicienne qui échappe à la raison – à cette raison dont la France est l'une des terres natales et qui est au cœur de notre notion de laïcité.

La laïcité, ce n'est pas empêcher les gens de vivre correctement leur foi – et ce n'est surtout pas agresser un certain type de foi. C'est au contraire assurer la possibilité aux citoyens de choisir leur croyance spirituelle et aussi bien de ne pas croire en Dieu, comme c'est le cas d'une très grande partie de nos concitoyens. C'est une protection de la vie privée et en même temps une protection de l'espace public contre l'hégémonie d'un dogme quelconque. C'est l'idée que les règles de la société proviennent de la raison et non de commandements divins dont nous avons vu au cours de notre histoire qu'ils peuvent être instrumentalisés pour déclencher des guerres, puisque les hommes en ont des interprétations différentes.

Telle est notre tradition depuis les Lumières et elle ne doit pas changer. Tel est l'emblème inscrit au seuil de notre porte. Il nous oblige à respecter les lois de l'hospitalité ; mais il nous oblige aussi à les faire respecter.

XVIII

L'impasse du Front national

La montée du Front national est un des phénomènes les plus importants survenus dans la vie politique française au cours de ces dernières années. Ma famille politique l'a toujours considéré comme l'un de ses adversaires et c'est d'ailleurs réciproque. À notre égard, ses dirigeants ne sont jamais à court d'invectives et d'attaques outrancières. C'est à ses électeurs que je veux m'adresser pour leur démontrer l'irrationalité de ce choix, qu'ils font souvent par dépit ou par colère. La colère, dit-on, est mauvaise conseillère : il n'est pas inutile de s'en souvenir. En jouant sur ce registre, le FN cherche à séduire des électeurs malheureux et déçus à qui il réserverait des déceptions et des souffrances encore plus grandes s'il arrivait au pouvoir. Comment les convaincre ? Les anathèmes antifascistes ont montré leur peu d'efficacité ; ils n'ont réussi qu'à braquer des Français irrités de recevoir comme des enfants des leçons sur le bien et le mal de la part de gens à la moralité personnelle parfois douteuse. Il faut parler le langage de la raison, de la vérité, de l'analyse.

Tous les électeurs du FN ne sont pas des nostalgiques du maréchal Pétain ! Beaucoup sont des Français de bonne foi qui aspirent à la dignité de leurs représentants et n'aiment pas la « peopolisation » de la classe politique ; qui demandent que la France soit active, influente et fière ; qui sont irrités par les formes envahissantes que prennent le « politiquement correct » et la pensée unique ; qui veulent rappeler aux partis traditionnels leurs promesses non tenues. Au fond, ce sont souvent des gens qui prennent la politique au sérieux, qui ont pour elle cette passion très française – souvent déçue ! – qui traverse notre histoire.

Oui, les partis politiques qui ont gouverné la France, droite ou gauche, doivent faire leur mea-culpa et mesurer leur part de responsabilité dans la montée du FN qui est la contrepartie de leurs échecs. Je l'ai dit, je le redis : la surenchère rhétorique a discrédité le discours politique. On a promis trop de rêves, trop de lendemains qui chantent, trop de succès sans efforts. Mais tout le monde doit faire son examen de conscience et l'opinion aussi quand elle se tourne trop facilement vers ceux qui promettent « toujours plus de plus ».

Il est pour le moins étrange, quand on y pense, que ce soit le FN qui tire parti de cette situation.

Le FN prétend dénoncer la démagogie et il a le programme le plus démagogique qui soit tout en se posant en chantre du bon sens. Regardons un peu cette folle synthèse, très improbable, de vieilles lunes traditionalistes et de thèses d'extrême gauche.

D'un côté, le FN rejette la responsabilité de tout ce qui ne va pas sur des boucs émissaires qui sont l'étranger et l'Europe. Je pense au contraire que nous ne résoudrons nos difficultés qu'en mesurant lucidement nos faiblesses et nos forces. Il refuse toute comparaison et toute compétition. Mais être une grande nation, ce n'est pas être isolé du reste du monde, c'est avoir une position éminente au sein d'une hiérarchie. C'est être capable de soutenir la comparaison. De ce point de vue, la monnaie européenne est un étalon qui permet d'évaluer et de différencier les performances économiques des pays qui l'ont en partage. Quitter l'euro, ce serait casser le thermomètre au lieu de soigner nos maux.

D'un autre côté, le FN défend une politique de dépenses publiques totalement irréaliste qui rivalise d'utopisme avec ce qu'on entend à la gauche de la gauche. Grosso modo, le raisonnement est : expulsons les boucs émissaires et nous pourrons faire tout ce qui nous passe par la tête, l'argent coulera à flots, aucun effort ne sera nécessaire ! Inutile de dire que c'est à mes yeux proprement délirant. C'est un programme déconnecté de tout principe de réalité. C'est un programme qui entraînerait notre pays dans une course folle vers le néant. C'est un programme qui conduirait à la ruine des retraités, des petits épargnants et des petits patrons. Ce sont eux pourtant qui sont parmi les plus tentés par le FN. Il faut les mettre en garde. Leurs colères peuvent avoir des motifs légitimes, mais si elles les conduisent à ce choix irrationnel, ils en paieront le prix fort.

Il y a quelque temps, j'ai rencontré des chefs d'entreprise du Nord, à Monchy-le-Preux, près d'Arras. L'un d'entre eux m'a pris violemment à partie et m'a laissé entrevoir son soutien à Marine Le Pen. Je lui ai fait remarquer qu'il avait choisi l'augmentation massive des charges sociales contre lesquelles il venait, à juste titre, de vitupérer. Car voter Marine Le Pen, c'est voter pour la retraite à soixante ans, donc pour une augmentation considérable des cotisations des entreprises comme des salariés – sauf si elle assume une baisse terrible des pensions qui plongerait les retraités modestes en dessous du seuil de pauvreté. Le chef d'entreprise sembla tomber des nues. Il n'avait manifestement jamais pris la peine d'ouvrir un programme du FN. Marine Le Pen s'en prenait au système et cela lui suffisait.

En janvier 2015, le parti d'extrême gauche Syriza a remporté les élections législatives en Grèce. Dans leur grande majorité, les médias français ont traité cette information avec un enthousiasme plein de légèreté. Ils semblaient trop heureux d'avoir une révolution à se mettre sous la dent et d'annoncer que l'Allemagne d'Angela Merkel – coupable du pire des crimes, celui de réussir – était en train de mordre la poussière. Le nouveau ministre des Finances Yannis Varoufakis était présenté comme une sorte de quasi Prix Nobel de l'économie qui enseignait dans une université américaine – chose que ces nostalgiques du marxisme considèrent bizarrement avec beaucoup de respect – et qui était apparemment à la fois très intelligent et très cool.

Mais les compliments les plus dithyrambiques vinrent du FN et de Marine Le Pen qui célébra « l'ouverture du procès de l'eurostérité ». Il n'y a là rien d'étonnant. La comparaison des deux programmes est édifiante. Retraite à soixante ans, augmentation du salaire minimum, recrutement de fonctionnaires, bref, de la dépense publique à n'en plus finir, tout y est !

La surprise, c'est que le Front national veut aller encore plus loin que Syriza, en sortant de l'euro. Les ultragauchistes de Syriza n'avaient pas osé aller jusque-là. Depuis janvier, ils se sont contorsionnés pour obtenir l'aide de l'Allemagne et de l'Europe, justement pour ne pas être contraints à sortir de la zone euro ! Ils ont progressivement abandonné toutes leurs promesses, sur les retraites, sur le salaire minimum et même sur les privatisations. Alors que l'économie grecque avait enregistré trois trimestres de croissance en 2014, elle a replongé dans la récession et ne semble pas en voir le bout. Syriza a fait « pschitt » comme toutes les expériences d'extrême gauche. Le FN au pouvoir ne connaîtrait pas d'autre sort. Cela ne signifie pas qu'il ne puisse y avoir des débats et des négociations concrètes sur les politiques économiques, sur le rythme des réformes et du remboursement des dettes ; mais ces débats ne peuvent pas s'affranchir des réalités, comme le propose Marine Le Pen.

Discrète durant le débat sur le mariage homosexuel, de plus en plus floue sur son programme économique, fâchée avec son père, la présidente du Front national use des pires artifices. Elle explose les limites de la démagogie, elle atomise celles de la mauvaise foi. Sans augmentation du temps de travail et sans relèvement de l'âge de la retraite, sa promesse d'augmenter les salaires de la fonction publique et les pensions de retraite relève de l'escroquerie pure et simple. La renationalisation de l'économie, le retour des droits de douane, l'abandon de la politique agricole commune et le retour au franc précipiteraient la chute d'une économie française déjà affaiblie par cinq ans d'erreurs et d'aveuglement idéologique de la part de la gauche. La réalisation du programme du Front national serait un choc conduisant tout droit à la dépression économique et à l'aggravation du chômage.

La plupart de ses électeurs n'en ont pas conscience, soit qu'ils ne croient pas sa victoire possible, soit qu'ils pensent, instruits par l'expérience, que ces projets seraient abandonnés à la minute où le FN arriverait au pouvoir. Mais c'est sans compter sur l'impact catastrophique d'une période de désordres et d'incohérences qui suivrait immanquablement un succès de l'extrême droite, et sur la fracture immense qui traverserait alors une société française profondément attachée à l'égalité, à la liberté et à la fraternité, trois valeurs qui sont malmenées par chaque ligne du programme du FN.

Aux électeurs du FN, il faut dire aussi qu'ils apportent leur voix à une formation qui poursuit depuis toujours une stratégie nihiliste dont le but profond est de faire battre la droite républicaine héritière du gaullisme. Ses accointances avec la gauche ne se retrouvent pas seulement dans des pans entiers de son programme actuel, mais dans une longue histoire de manœuvres politiciennes.

On dit que François Mitterrand a orchestré la montée du FN dans les années 1980 pour affaiblir la droite tandis que les socialistes, n'ayant eu à offrir que des petits matins mornes, au lieu des lendemains chantants qu'ils avaient promis, s'acheminaient vers des désastres électoraux. C'est probablement vrai, même s'il ne faut pas prêter au machiavélisme de François Mitterrand un pouvoir d'influence démesuré sur l'histoire contemporaine.

Ce que l'on perçoit moins, c'est l'étrange alliance de circonstance – mais de longue durée – que, plus tôt encore, il noua, lui l'antigaulliste « de gauche », avec l'antigaullisme d'extrême droite. Le Front national n'était alors qu'un groupuscule, mais il y avait tout de même, du côté des nostalgiques de Vichy et de l'Algérie française, des voix à prendre et qui ne seraient pas négligeables pour faire la différence au moment décisif.

Je me souviens que la première utilisation du 49-3 par le gouvernement socialiste fut pour amnistier les généraux putschistes, Salan et Jouhaud – les deux seuls survivants du « quarteron ». Mitterrand l'avait secrètement promis ; Salan appela, par des déclarations implicites mais claires, à le faire élire plutôt que Giscard d'Estaing. Le candidat socialiste tint parole et passa outre aux protestations qui s'élevèrent naturellement dans son camp. De même avait-il fait miroiter monts et merveilles aux rapatriés d'Algérie pendant la campagne présidentielle, notamment dans un discours à Avignon au printemps 1981. Au-delà des généreuses compensations matérielles qu'il se faisait fort de leur apporter, il prenait la figure de celui qui les vengerait du général de Gaulle.

Pendant des années, le Parti communiste avait été un obstacle dans la conquête du pouvoir par les socialistes et singulièrement par François Mitterrand, leur éternel candidat. Sans l'apport des voix communistes, qui pesaient lourd, la victoire paraissait improbable. Mais en acceptant une alliance, les socialistes s'exposaient à l'argument massue suivant lequel, s'ils l'emportaient, « les chars soviétiques entreraient dans Paris ». Argument facile mais en définitive excessif, auquel la droite eut recours un peu trop paresseusement et qui finit par cesser de faire peur aux électeurs. En outre, cette alliance avait pendant longtemps été loin de faire l'unanimité au sein de la gauche non communiste elle-même. Elle resta une ligne de clivage fondamentale entre Mitterrand qui la mit en œuvre et Mendès France pour qui la social-démocratie ne pouvait rien avoir de commun avec la dictature du prolétariat telle qu'elle existait dans le bloc de l'Est et telle qu'elle était prônée par les partis communistes inféodés à Moscou.

François Mitterrand avait probablement ce schéma en tête lorsqu'il vit monter le Front national dans les années 1980 et lui donna un formidable coup de pouce – insuffisant néanmoins pour empêcher la droite parlementaire de construire une majorité derrière Jacques Chirac – en instaurant la proportionnelle aux élections législatives de 1986. Cette force d'extrême droite serait pour nous un énorme fardeau, comparable à celui avec lequel il avait dû composer en son temps ; nous serions ballottés entre soupçon de connivence avec l'infâme et ralliement au camp du « bien » sous l'égide bienveillante de la gauche ; nos électeurs seraient troublés. Nous y sommes. Trente ans après les premières percées du FN, la situation est à son comble. C'est une aubaine pour une gauche décevante devenue minoritaire qui n'a d'autre espoir pour se maintenir au pouvoir que d'attiser les divisions chez ses opposants.

Dans ma famille politique, la question d'une alliance avec l'extrême droite, du type de celle que Mitterrand avait scellée avec le PC, ne s'est jamais vraiment posée. Vichy en 1940 et l'OAS en 1962 avaient – littéralement – condamné à mort le général de Gaulle. Rien n'a jamais pu naître sur cette base tragique. L'extrême droite a toujours mené la politique du pire. Son objectif à peine dissimulé était – est toujours – de faire perdre la droite gaulliste, quitte à provoquer la victoire de la gauche et donc à rentrer dans le jeu de celle-ci.

Aux législatives de 1986, trente-cinq députés du Front national furent élus grâce au scrutin proportionnel. J'accédai pour ma part à la présidence de la commission de la défense ; j'avais à peine plus de trente ans et je devais ce poste prestigieux au soutien de l'ancien Premier ministre Pierre Messmer qui m'avait pris sous son aile. Peu de temps auparavant, la France avait déployé des troupes au Tchad, pour soutenir ce pays dans le conflit qui l'opposait à la Libye du colonel Kadhafi. C'était l'opération Épervier. Je conduisis une délégation de parlementaires qui alla rendre visite à nos soldats sur le terrain.

Il y avait avec nous Pierre Sergent, qui était l'un des élus du FN. Pierre Sergent incarnait les ambiguïtés et les tragédies de notre histoire militaire depuis la Seconde Guerre mondiale. Il s'était engagé à dix-huit ans dans la résistance contre l'occupant nazi ; il avait été blessé en Indochine où il était officier de parachutistes ; en Algérie, il avait soutenu les généraux putschistes, puis était entré dans la clandestinité, devenant l'un des chefs de l'OAS. Il fut à ce titre condamné à mort par contumace dans les années 1960, puis amnistié. Il se mit à écrire des livres sur l'armée, notamment *La Légion saute sur Kolwezi* dont on tira un film assez connu.

Un soir, nous étions assis autour d'un feu, dans le désert tchadien. Nous venions de passer la journée avec un détachement de la Légion étrangère basé à Abéché. Les circonstances se prêtaient à quelques méditations sur l'existence et les destinées personnelles. Le théâtre politicien était loin. J'étais très jeune et curieux de la trajectoire aventureuse de cet homme qui avait connu trois guerres mais dont l'antigaullisme viscéral était contraire à mes convictions les plus profondes. C'était un personnage haut en couleur, éloquent, intransigeant, farouchement hostile à la modernité, vitupérant contre le prétendu sens de l'histoire qui avait dépossédé la France de son empire. La nuit était tombée. Plusieurs fois il avait tenté de faire assassiner le général de Gaulle. Je lui ai demandé s'il avait tout de même, quelquefois, des regrets. D'une manière très théâtrale, il m'a regardé et il m'a dit : « Oui, j'ai un regret. C'est de l'avoir manqué. »

Un vent glacial passa dans la nuit africaine et notre échange s'arrêta là. Aujourd'hui encore, en y repensant, je reste estomaqué par cette froide détermination.

Par la suite, j'eus à affronter des adversaires fantomatiques aux élections locales et nationales dans la Sarthe. C'étaient toujours des parachutés de dernière minute, des gens qui avaient l'air de vivre sur une autre planète et qui, au-delà du temps des campagnes électorales, ne s'investirent jamais dans le débat public et encore moins dans l'action. Lorsque je présidais la région des Pays de la Loire, il y avait sept élus du Front national. Ils ne se distinguaient que par leurs provocations, et leur sectarisme n'avait d'égal que celui du seul élu d'extrême gauche, un homme qui pendant toute la durée du mandat refusa de me serrer la main, alors qu'il n'était autre que le fils de ma marraine…

Marine Le Pen n'a jamais condamné les positions de son père et de ses amis. Elle n'existe dans la politique française que parce qu'elle en est l'héritière. Ses tentatives actuelles pour s'en détacher en apparence sont vaines : elles se heurtent au sein même de son camp à son père et à tous ceux qui lui rappellent douloureusement d'où elle vient et pourquoi elle est là. Elle n'a pas rompu ce fil noir.

Et pour cause, elle se serait privée du socle sur lequel est bâti son parti.

Est-ce vraiment un parti, d'ailleurs ? J'y vois surtout une sorte de PME familiale essentiellement attachée à faire fructifier son capital. Le père, la fille, la petite-fille – sans parler des diverses pièces rapportées – forment le casting de cette opération de détournement de la colère et de la frustration d'une partie de notre peuple qui se sent bousculée par la mondialisation et déçue par ses élus. Le destin de la France leur importe moins que la stabilisation de leur dynastie. Imaginons un instant la réprobation générale qui s'exprimerait dans tout le pays si les partis de gauche ou de droite étaient dirigés par une seule et même famille ! Le FN ose tout et on lui passe tout. J'ai la conviction que cette situation irrationnelle ne durera pas et que le bon sens l'emportera.

Les Français ne s'y trompent pas autant qu'on veut le croire ou le faire croire. Ils ne donnent des scores élevés au FN que dans les élections qui à leurs yeux ne concernent pas directement leur vie quotidienne ou qui n'engagent pas concrètement leur avenir. Je me suis élevé contre l'escroquerie intellectuelle qu'il y avait dans l'affirmation – relayée par toute la presse – selon laquelle le FN serait devenu le premier parti de France après son succès relatif aux élections européennes. Relatif, oui, car la participation à ces élections est si faible qu'on ne peut en tirer aucune conclusion définitive. Les élections départementales m'ont donné raison : le FN n'y a obtenu que très peu d'élus et aucun département n'est passé sous son contrôle. J'ai été le seul à le prédire à quelques jours du premier tour de ces élections. Comme si tout le monde avait eu intérêt à maintenir la fiction de leur victoire annoncée : le Parti socialiste qui instrumentalise sans vergogne l'extrême droite pour se maintenir au pouvoir coûte que coûte ; une partie de la droite pour justifier son discours de plus en plus autoritaire ; les médias par ignorance ou pour tenir en haleine leur public.

J'ai toujours combattu l'extrême droite parce qu'elle n'a jamais apporté dans notre histoire que le malheur et la honte, parce qu'elle a lutté à mort contre les valeurs de résistance et de rassemblement du gaullisme, parce qu'elle incarne les traits les plus sombres de notre caractère, parce qu'elle exalte nos passions les plus mauvaises. Je combats le Parti socialiste depuis plus de trois décennies mais je ne l'ai jamais placé sur le même plan que le Front national. Ce n'est pas une PME familiale, il n'attente pas aux libertés fondamentales, il a participé à l'écriture de quelques pages honorables de notre histoire. Le PS se trompe, le FN délire. C'est pourquoi je n'ai jamais été à l'aise avec le « ni PS ni FN ». Refusant de reprendre ce slogan, j'avais un jour exprimé – maladroitement, paraît-il – ma préférence pour les candidats les moins sectaires aux élections locales. Ceux du Front national n'en font pas partie, comme le montre chaque jour leur comportement sur le terrain. Mais je voulais surtout ne pas tomber dans le travers des consignes électorales venues d'en haut que les Français considèrent comme des insultes à leur bon sens, à leur capacité de faire en conscience leurs choix politiques. L'infantilisation des électeurs n'a jamais été mon fort. La défiance à l'égard du « système » a atteint un niveau très élevé et c'est une erreur d'alimenter le fantasme que ce système existe et que le FN en serait la victime expiatoire. Injurier les 25 % de Français qui sont tentés par lui n'aboutit qu'à le faire monter en attisant un esprit frondeur, anti-pouvoir, qui est dans le tempérament gaulois, et la gauche sait bien que là se trouve son intérêt stratégique. Il faut combattre le FN en expliquant rationnellement à ceux de ses électeurs qui ne sont pas au fond d'eux-mêmes des extrémistes pourquoi ce choix va totalement à l'encontre des changements auxquels ils aspirent. Il faut combattre le FN en proposant aux Français une politique ambitieuse mais réaliste : tout le contraire des discours creux et boursouflés qu'il lance sur les estrades.

XIX

Le retour de la diplomatie

Depuis plus de vingt ans, depuis l'époque qui a suivi la chute de l'empire soviétique, la diplomatie mondiale est dominée par l'échec tragique de l'instauration universelle de la démocratie sur le modèle occidental. Cet idéalisme casqué dont les États-Unis ont été le fer de lance a semé le chaos à peu près partout où il prétendait libérer les peuples en les faisant accéder aux droits de l'homme.

La notion d'équilibre qui prédominait dans les relations internationales au temps de la Guerre froide a laissé la place à la volonté d'imposer ou de promouvoir en tous lieux un régime politique qui devait être applicable sans distinction, pour la simple et bonne raison qu'il était considéré comme le meilleur. La chute de l'empire soviétique nous a fait croire naïvement que le monde entier ou presque était mûr pour assouvir son désir plus ou moins latent de démocratie libérale. C'est sans doute la même naïveté persistante qui, plus récemment, nous a fait croire que les révoltes arabes déboucheraient sur l'établissement de régimes politiques inspirés des nôtres, comme si tous ceux qui veulent se débarrasser d'un dictateur n'avaient naturellement d'autre ambition que de promouvoir dans la liesse une constitution démocratique.

J'ai la conviction que nul ne peut faire le chemin d'un peuple à sa place ; que chaque peuple doit définir ses propres aspirations et les moyens par lesquels il les réalisera. J'ai la conviction que nous devons remettre au centre de nos conceptions la notion d'équilibre, dans un monde où les conflits locaux ont des répercussions menaçantes jusque dans nos sociétés et où les potentialités de nouveaux affrontements sont nombreuses. J'ai la conviction que nous devons dialoguer et négocier avec tous les acteurs de ce que devrait être la refondation d'un équilibre mondial.

Cela fait-il de moi un « réaliste » ? Je crois en la valeur de notre civilisation et je crois en sa force d'inspiration. Mais en quoi aurons-nous fait avancer nos idéaux lorsque nous aurons dit aux Russes, aux Chinois ou aux Iraniens qu'il n'est pas question d'approfondir le dialogue avec eux parce qu'ils ne sont pas assez démocrates ? Nous ne les aurons pas fait avancer d'un pouce. Nous les aurons même fait reculer, en nous retirant du jeu. Et nous porterons la responsabilité d'avoir freiné l'établissement de l'équilibre mondial que ces grandes puissances régionales appellent de leurs vœux autant que nous.

Nous avons perdu le sens de la diplomatie. Nous devons le retrouver. Nous devons refaire de la diplomatie, c'est-à-dire parler à ceux qui ne nous ressemblent pas, sans avoir la prétention de les transformer à notre image d'un coup de baguette magique, faute de quoi nous nous enfermerons dans la solitude et l'irresponsabilité.

Imaginer que l'on puisse résoudre les problèmes du Moyen-Orient sans associer l'Iran ne peut que nous conduire à une impasse. Bachar el-Assad n'est pas l'avenir de la Syrie, mais il est illusoire de penser que la paix pourra être faite sans un dialogue avec lui. Le régime de Vladimir Poutine est évidemment moins démocratique que le nôtre, mais son influence diplomatique ne peut être écartée dès lors que nous ambitionnons sérieusement de travailler à la résolution des conflits qui secouent le monde contemporain et dont l'onde de choc nous frappe directement. On ne peut pas être horrifié par la tragédie syrienne – et vouloir légitimement qu'elle cesse – et en même temps ignorer l'influence de la Russie sur le régime baasiste et celle de l'Iran sur les chiites et sur une partie de l'armée syrienne à laquelle il apporte son soutien. En géopolitique il n'y a pas de baguette magique. Si l'on veut vraiment trouver une solution en Syrie, ce sera avec ces deux États qui ne nous ressemblent pas, c'est vrai, mais qui ne sont pas des ennemis mortels de la France.

Les démocraties ont fait alliance avec Staline pour vaincre le nazisme et Staline était un dictateur autrement terrifiant que Poutine. Le général de Gaulle a été le premier dirigeant du monde libre à reconnaître la Chine populaire et pourtant il n'était pas particulièrement maoïste ! Aujourd'hui, toute une partie de l'opinion s'enflamme bizarrement dès que l'on entreprend d'entrer en rapport avec des pays qui ne sont pas aussi démocratiques que nous – rappelons que c'est le cas de la majorité des pays du monde, qu'on le veuille ou non. Comme si le despotisme était une maladie contagieuse que l'on attraperait dès qu'on se trouve dans la même pièce que le dirigeant d'un État dont la tradition politique n'est pas celle de la démocratie occidentale. Cet idéalisme naïf part de bonnes intentions, mais il nous condamne à l'impuissance et au retrait hors des affaires du monde. Il fait de nous des moralistes en chambre qui, comme le disait Péguy, ont « les mains pures mais ils n'ont pas de mains ».

La position que je défends – celle d'une vraie action diplomatique – est aux antipodes de l'idée d'un choc des civilisations. L'Orient musulman n'est pas tout entier en guerre contre nous, bien au contraire, et sa complexité est trop souvent ignorée des Occidentaux et notamment des Américains. Il est lui-même traversé par des clivages et des alliances qui sont multiples, subtils et puissants dans leurs implications stratégiques. Le totalitarisme théocratique, dont le prétendu État islamique en Irak et au Levant est la dernière création monstrueuse, est notre ennemi, mais il est aussi l'ennemi de nombreux pays de la région qui craignent pour leur stabilité et tout simplement pour la vie même de leurs populations. Nous sommes sous la menace du terrorisme, mais, notamment du fait de leur situation géographique, ces pays sont d'une certaine manière encore plus menacés que nous par ce péril.

Les terroristes se sont lancés dans une lutte à mort contre les Occidentaux infidèles et contre ceux qu'ils désignent comme de mauvais musulmans parce qu'ils refusent d'assimiler leur religion à cette hérésie démente. À l'heure où j'écris, Daech a décimé plus de vingt mille personnes en Syrie et en Irak où les scènes d'horreur sont quotidiennes. Ce serait une faute à tous égards – du point de vue de notre propre sécurité et du point de vue de la paix au Moyen-Orient – si nous n'étions pas capables d'établir les conditions d'un dialogue positif avec les peuples de cette région qui est en train de basculer dans le chaos. Et c'est en élargissant nos alliances que nous montrerons aux pays de l'Orient musulman que nous ne nous comportons pas en « croisés » d'un choc des civilisations fantasmatique.

Après les terribles attentats de janvier à Paris, j'ai affirmé que l'une des conséquences que nous devons en tirer, c'est la nécessité de procéder à un aggiornamento diplomatique, car le terrorisme ne peut se réduire à une question que nous aurions la latitude de résoudre seuls à l'intérieur de nos frontières, en comblant nos lacunes en matière de renseignement, d'intégration ou d'éducation. Même si nous touchions à la perfection sur tous ces points, nous serions encore menacés, parce que les doctrinaires du nouveau califat ont juré notre perte et sont décidés à souffler sur toutes les braises de la haine et de la discorde. L'idée qu'il puisse exister des sociétés où les musulmans vivent en harmonie avec des chrétiens, des juifs et des gens sans religion ne leur inspire qu'horreur, mépris et détestation. Ils ne nous demandent pas de mieux intégrer les musulmans de France, mais ils veulent faire d'eux les soldats d'une guerre totale qu'ils rêvent de transposer sur notre sol. Au demeurant, je considère que c'est une faute morale que de faire comme si les imperfections de notre société étaient les vraies responsables des attaques terroristes que nous subissons. Comme si le niveau de terrorisme auquel nous sommes exposés était un critère valable pour juger des qualités et des défauts de notre modèle politique ou de notre manière de vivre ! C'est une faute morale et c'est un défaut d'analyse. C'est un manque de vision. Le terrorisme est une conséquence de la montée en puissance d'un totalitarisme islamique qui s'observe du Pakistan jusqu'au Nigeria. C'est un fléau global qui frappe au cœur l'Afrique et le Moyen-Orient.

Ce fléau ne peut être combattu que par une très large coalition où les pays arabo-musulmans doivent prendre leurs responsabilités. Rien ne serait plus dangereux que de donner le sentiment que l'Occident serait le leader d'une bataille qui concerne en réalité tout le monde. Les terroristes n'attendent que cela, car ce sont eux en réalité qui ont intérêt à agiter le spectre du choc des civilisations.

Élargir nos alliances, c'est se donner les moyens de parler franchement à ceux qui sont concernés par cette cause stratégique. Il y a des ambiguïtés dont ils doivent sortir. La Turquie ne peut laisser transiter par son territoire les apprentis djihadistes, ni continuer d'ignorer la nécessité de trouver une solution historique à la question kurde. Les États du Golfe doivent eux aussi clarifier leurs positions. Ils ne peuvent à la fois nous demander d'intervenir et fermer les yeux sur les financements privés qui alimentent le terrorisme en provenance de leurs territoires.

En septembre 2014, j'avais proposé que la France saisisse le Tribunal pénal international contre les auteurs de crimes de masse sur les territoires contrôlés par l'État islamique, afin de déclencher une enquête internationale sur ces financements. Notre diplomatie a pris cette initiative qui reste pour le moment bloquée au Conseil de sécurité de l'ONU. Israël, notre ami, notre allié, n'a rien à gagner à se trouver encerclé dans un environnement empoisonné par un djihadisme capable de déstabiliser le Liban et la Jordanie, et doit prendre conscience de la nécessité d'une politique raisonnable concernant la question palestinienne. La rivalité entre l'Arabie saoudite et l'Iran, dont le Yémen est le théâtre, est un problème essentiel. Tant que ces deux puissances se défieront, le Moyen-Orient aura peu de chance de trouver la paix. L'enjeu du rétablissement des relations avec l'Iran est aussi d'aider au retissage des fils du dialogue entre Téhéran et Riyad.

Aucune diplomatie ne peut être prise au sérieux sans les outils militaires qui lui permettent de se faire respecter. Ceux de la France sont devenus notoirement insuffisants. La capacité de projection de l'armée de terre est descendue en dessous de soixante-dix mille hommes, le taux de disponibilité des matériels n'a jamais été aussi faible, les temps d'entraînement de l'armée de l'air comme de la marine sont tombés en dessous de ceux de nos partenaires de l'Otan. Les impasses dans l'équipement des forces se multiplient alors que les missions ne cessent de croître dans des environnements de plus en plus dangereux. L'armée française tient malgré tout et force l'admiration au Mali comme dans les opérations aériennes contre Daech. Elle puise dans ses traditions et dans son passé glorieux la force nécessaire pour rester dans les premiers rangs des armées occidentales. Elle constitue, dans un paysage marqué par la montée des égoïsmes et le culte des RTT, une exception digne de notre admiration. Mais la conjonction d'une forme d'activisme militaire du président Hollande et de la baisse des moyens consacrés à la défense expose nos soldats à des risques grandissants qui ne sont pas acceptables, dans un pays qui n'hésite pas à recruter soixante mille enseignants dont il n'a pas vraiment besoin et à se priver du jour de carence dans la fonction publique ! La France doit choisir : jouer les premiers rôles sur la scène internationale et en assumer les conséquences militaires, ou bien se ranger définitivement dans le camp des petits pays sans ambition et finalement sans véritable liberté. J'ai fait mon choix ! Ce sera celui d'un effort de défense accru, et coordonné avec nos voisins britanniques et allemands, avec lesquels nous devons construire un noyau dur de la défense européenne sans lequel le continent européen sera ouvert à tous les vents et exposé à tous les risques. La répétition des attaques terroristes contre notre territoire en cette année 2015 préfigure hélas la situation durable à laquelle l'Europe va devoir faire face tant que le totalitarisme islamiste n'aura pas été vaincu.

XX

Sauver les chrétiens d'Orient

Je suis retourné à Bagdad en septembre 2014. J'y étais venu en 2009 pour relancer nos relations économiques avec l'Irak, interrompues après l'invasion américaine, et je me souvenais d'une grande tension, d'un qui-vive permanent. Les Occidentaux et les dirigeants irakiens étaient cloîtrés dans la « zone verte », une sorte de camp retranché derrière des kilomètres de murs de béton, de barbelés et de check-points. Six ans plus tard, les choses ont encore empiré. La zone verte était plus assiégée que jamais. Les troupes américaines avaient quitté le pays, mais les contrôles de sécurité étaient supervisés par des « conseillers » qui avaient plus l'air de venir du Midwest que des rives de l'Euphrate.

C'était juste après les élections qui ont porté au pouvoir le Premier ministre Haïder al-Abadi. Le gouvernement était en train d'être formé. Je fis la connaissance de plusieurs responsables chiites qui me tinrent un discours résolument optimiste. J'insistai pour rencontrer un représentant de la communauté sunnite. On me présenta un médecin qui avait exercé dans les hôpitaux parisiens pendant de longues années d'exil et qui n'avait revu son pays qu'après la chute de Saddam Hussein. Nous évoquâmes les tractations pour la composition du gouvernement et la difficile reconstruction d'un pays jeune qui, dans son histoire, n'avait guère connu que la dictature et la guerre. Je lui demandai s'il était confiant dans l'avenir. « Non, me dit-il, car à la fin, les sunnites obéiront à leurs chefs, les chiites et les Kurdes aux leurs, et personne au Premier ministre. » Le soir, tandis que nous dînions dans les jardins luxuriants d'une ancienne résidence de Saddam Hussein, sur les bords du Tigre, où les senteurs orientales embaumaient délicieusement l'atmosphère, de puissants coups de canon se faisaient entendre, de temps à autre, à moins de vingt kilomètres.

Le lendemain, je me rendis à Erbil, au Kurdistan, où se sont réfugiés des centaines de milliers d'Irakiens qui ont fui la barbarie de l'État islamique. Parmi eux, beaucoup de chrétiens placés devant une alternative impossible : abjurer leur foi ou mourir. Ils vivent dans une extrême précarité et sont oubliés de la communauté internationale. Pour eux, aucun grand mouvement de solidarité, aucun rassemblement de chanteurs de variétés, aucun panneau sur la façade de l'Hôtel de Ville de Paris. Ils sont divisés en une myriade d'Églises. Ils ont toutes les nationalités. Ils ne défendent pas une terre, mais le droit de vivre là où leurs ancêtres et eux-mêmes sont nés. Ils sont une épine dans le talon de ceux qui sont en train de redessiner les frontières du Moyen-Orient pour y créer des États confessionnels homogènes.

La crise syrienne, l'effondrement de l'État irakien, la persistance du conflit israélo-palestinien, tout conduit à un repli des communautés religieuses sur des territoires exclusifs. Les chiites, les sunnites, les Kurdes, les juifs veulent être entre eux. Dans ce monde-là, il n'y aura plus de place pour les chrétiens qui n'ont pas de territoire, qui n'en demandent pas, qui ne demandent qu'à continuer à vivre là où ils sont, mais qui n'auront le choix qu'entre la conversion ou l'exil. Une communauté de plusieurs millions d'hommes et de femmes qui sont au Moyen-Orient depuis plus de deux mille ans semble condamnée à s'éteindre progressivement.

Ce phénomène devrait nous alarmer beaucoup plus qu'il ne le fait à présent, car ses implications sont profondes et inquiétantes. C'est la préfiguration d'un monde instable, intolérant, sectaire, replié dans des bastions. C'est une régression historique qui interpelle violemment l'Europe et plus encore la France et son modèle de démocratie laïque. Qui peut mesurer le trouble qui saisirait notre société le jour où les chrétiens n'auront plus droit de cité dans tout le Moyen-Orient ? Les chrétiens d'Orient représentent l'espoir d'une coexistence harmonieuse entre les religions sur un même territoire, au sein d'un même État. Leur disparition annonce le retour des guerres de religion. Pourtant, c'est le silence qui entoure leur martyre. Si le secrétaire général des Nations unies a bien exprimé sa préoccupation quant au sort de ces minorités, aucune résolution n'est à l'ordre du jour.

Cet espoir d'une société ouverte, multiconfessionnelle, au Moyen-Orient, c'est le Liban qui l'a longtemps incarné. Nous ne pouvons regarder qu'avec tristesse le déclin de son modèle qui n'est plus que l'ombre de lui-même.

J'aime ce pays qui garde un lien très fort avec le nôtre, avec notre langue et notre culture. Je ne compte plus les séjours que j'ai faits là-bas. Les premières fois, c'était quand la guerre civile faisait rage. J'y étais allé en 1983, lorsque les États-Unis, la France et l'Italie tentaient de s'interposer entre Israël, les Palestiniens, les milices libanaises et la Syrie, invisible et pourtant si présente. J'avais passé une semaine à bord du porte-avions *Clemenceau* qui stationnait au large de Beyrouth et qui était la base arrière de nos forces armées. En 1985, j'avais pu forcer le siège de Jezzine pour porter aux chrétiens encerclés un témoignage de la solidarité des Français. Le président de l'Assemblée nationale libanaise, Hussein Husseini, ne m'avait permis de franchir les lignes de front, en me faisant escorter par son fils, que parce que j'étais membre du parti gaulliste ; dans son bureau trônait une immense photo du général de Gaulle avec son père, prise en 1943 dans la plaine de la Bekaa.

Je suis revenu plusieurs fois au Liban, comme ministre et comme Premier ministre. En 1994, étant en charge de la recherche, j'avais vu longuement le regretté Rafic Hariri. Sous son autorité, la paix s'installait enfin. Je me souviens qu'à l'issue d'une soirée très chaleureuse, nous avions décidé de construire un IUT dans sa ville natale de Saïda.

En trente ans, j'ai rencontré la plupart des figures de la politique libanaise. Walid Joumblatt, le chef de la communauté druze, m'a reçu souvent dans le palais de sa famille, à Moukhtara, dans la montagne du Chouf. C'est un endroit superbe, rempli des souvenirs de l'amitié entre les Joumblatt et l'URSS, notamment une immense toile qui représente la parade victorieuse du maréchal Joukov rentrant sur la place Rouge à cheval. Je revois Walid Joumblatt à chaque fois que je reviens à Beyrouth. Il s'est mis à Internet et m'envoie régulièrement des articles de presse par e-mail. Avec Nabih Berri, l'actuel président de l'Assemblée nationale, j'ai aussi noué une relation confiante. Lui est chiite. Je l'avais rencontré pour la première fois en 1984, dans son village de Tibnine au Sud-Liban. Il a fait son droit à la Sorbonne. C'est un ami de notre pays. Michel Eddé, issu d'une grande famille chrétienne, était ministre de l'Enseignement supérieur quand je l'étais aussi ; il m'a reçu chez lui, à Jounieh, où sa table était considérée comme l'une des meilleures de tout le Moyen-Orient. Je pourrais évoquer bien des rencontres avec des Libanais dont la vie était aussi intense, aussi dure, aussi tragique qu'un livre d'histoire – Béchir et Amine Gemayel, Elie Hobeika qui commandait à vingt-sept ans l'armée chrétienne, Michel Aoun, le cardinal Sfeir, Samir Geagea avec qui je me suis entretenu il y a deux ans, et tant d'autres encore pour qui la France était une seconde patrie, une référence, une incarnation de la liberté et de la modernité dont ils rêvaient pour leur pays.

Le modèle libanais d'une démocratie multiconfessionnelle en terre d'Orient est en train de s'effacer, malgré les efforts de nombreux responsables appartenant à toutes les religions, comme Fouad Makhzoumi et son forum pour le dialogue national. Le Liban souffre. La partition de son territoire est déjà une réalité. Le Sud est chiite, le Nord est sunnite, et Beyrouth tente de plus en plus difficilement de maintenir l'illusion d'un pouvoir uni, mais en réalité partagé, déchiré entre des communautés qui s'éloignent les unes des autres. L'élection du président donne lieu à des marchandages sans fin dont les chrétiens sortent à chaque fois plus dépendants et plus affaiblis. En 2008, la France se vantait d'avoir réussi à débloquer l'élection présidentielle et Nicolas Sarkozy, pour marquer l'événement, avait invité tous les leaders politiques de notre pays à l'accompagner à Beyrouth. Quelques mois plus tard, le président égyptien, Hosni Moubarak, m'avait confié que cette élection avait surtout coûté très cher au Qatar qui avait dû trouver des arguments plus convaincants que le discours politique.

Sur la carte, le Liban n'est pas un grand pays, mais il est un immense symbole. Ses maux sont les symptômes d'un monde où la tolérance recule, où de toutes parts des forces obscures attisent les ferments de la discorde, exaltent le choc des civilisations et le choc des communautés. La France doit faire entendre son refus de ces évolutions qui sont contraires à ses idéaux. Elle ne doit pas oublier tous ceux qui partagent les valeurs de son message. Et pour les défendre, elle ne doit pas hésiter à s'allier avec les puissances qui détiennent une partie des solutions à la crise mondiale qui menace notre mode de vie et notre civilisation.

XXI

Déjeuner avec le diable

Loin du Moyen-Orient, un pays m'a toujours intéressé. Cette grande nation est dirigée par un homme, Vladimir Poutine, que j'ai rencontré à plusieurs reprises lorsque j'étais Premier ministre. Il se trouve qu'à l'époque lui aussi exerçait cette fonction en Russie, car on se souvient que pour contourner l'impossibilité constitutionnelle d'effectuer plus de deux mandats présidentiels consécutifs, il avait fait en sorte d'échanger provisoirement son poste avec Dimitri Medvedev, son ancien Premier ministre. Le jeu des institutions favorisa dès lors nos entretiens. J'ajoute qu'il ne nous déplaisait pas de nous voir. Non seulement l'étendue des enjeux déployés, mais aussi la franchise dont nous faisions preuve chacun de notre côté rendaient ces échanges particulièrement intéressants. Je le dis sincèrement, en sachant que mes relations avec Vladimir Poutine ont souvent été présentées en mauvaise part et caricaturées à mon détriment. Je n'ai pourtant aucune raison de les dissimuler ni de les renier. Je les ai entretenues essentiellement pour une raison simple : à mes yeux, l'avenir de l'Europe ne peut se dessiner sans la Russie, quels que soient ceux qui la gouvernent, quels que soient leurs qualités et leurs défauts.

De Gaulle l'avait compris, lui qui fut le premier dirigeant du continent à surmonter le dégoût et la peur que nous inspirait le régime soviétique pour jeter les bases d'un projet européen allant « de l'Atlantique à l'Oural ». Dans l'histoire des relations entre l'Europe et la Russie, beaucoup d'occasions manquées se sont enchaînées depuis lors, jusqu'à ce face-à-face dangereux au sujet de l'Ukraine qui marque peut-être la fin, pour très longtemps, de tous les espoirs d'intégration de la Russie dans un grand espace économique européen capable de résister à la domination asiatique. En voulant à tout prix arracher l'Ukraine à l'influence russe, l'Europe a commis une faute historique qu'elle risque de payer au prix fort.

Au reste, je n'ai pas attendu de faire la connaissance de Vladimir Poutine pour m'efforcer de développer nos liens avec la Russie. En 1994, quand j'étais ministre de la Recherche, j'ai initié la première société franco-russe de lancement de satellites, Starsem. Tout le monde était contre, les industriels français qui redoutaient une concurrence pour les lanceurs européens, les industriels russes qui ne comprenaient pas pourquoi le pays du Spoutnik et de Gagarine devrait frapper à d'autres portes. Le jour de la signature de l'accord à Moscou, je dus patienter plusieurs heures dans un coin de la salle de réunion, pendant que mon homologue russe tentait de calmer la colère du vieux Nikolaï Kouznetsov, l'un des créateurs de Soyouz, qui refusait d'apposer son nom sur ce qu'il percevait comme une trahison, ou comme la fin du monde. Au cours des différents voyages que je fis en Russie à cette époque, je compris que l'immense humiliation que subissaient les scientifiques, les militaires, les fonctionnaires – et en général tous ceux qui, au sein du système soviétique désormais en plein démantèlement, avaient été le sel de la terre – risquait de déboucher sur un brutal retour en arrière, sur un nouveau rêve impérial. Ces souvenirs et ces réflexions n'ont cessé de se rappeler à moi durant mes longues conversations avec Vladimir Poutine, qui connaît parfaitement l'histoire de son pays et qui sait faire vibrer la corde de la fierté nationale.

Poutine n'est pas un interlocuteur facile. Il peut être brutal, provocant, d'une immense mauvaise foi ; mais au bout de la négociation, il tient tous ses engagements. Avec lui les rencontres ne sont pas formelles. Chacune est un combat qu'il essaie de remporter. La langue de bois diplomatique en est absente. J'ai aimé nos rencontres parce qu'elles étaient utiles, parce qu'on pouvait y nouer à l'improviste des accords qui n'étaient pas préparés à l'avance, parce que souvent elles se terminaient par le rapprochement de points de vue qui avaient semblé au départ irréconciliables.

En peu de temps, nous avions noué avec la Russie une relation de confiance sur le plan économique. La France avait refait une partie de son retard sur l'Allemagne qui restait de très loin le premier fournisseur de l'économie russe. Renault était devenu le premier constructeur automobile en Russie, Alstom était entré au capital des chemins de fer russes, Total avait obtenu des permis pour exploiter le gaz et le pétrole dans le Nord, et c'étaient des entreprises françaises qui construisaient l'autoroute Moscou-Saint-Pétersbourg. Les équipementiers aéronautiques français étaient les principaux partenaires du projet d'un biréacteur de dernière génération – le Soukhoï Superjet 100 – et Soyouz décollait désormais du port spatial guyanais de Kourou.

Celle de nos rencontres dont je garde le souvenir le plus fort eut lieu en novembre 2011 à Moscou. Ce devait être la cinquième ou la sixième depuis que j'étais Premier ministre. Elle fut singulièrement longue, elle toucha aux questions géopolitiques les plus fondamentales, elle me révéla beaucoup de choses sur les ressorts psychologiques de la vision du monde de Vladimir Poutine.

Nous devions évoquer ce jour-là la commercialisation du Soukhoï Superjet 100, les discussions en cours sur l'assouplissement des visas pour les relations d'affaires, le dossier de l'autoroute Moscou-Saint-Pétersbourg bloqué par des débats politiques internes, ou encore l'avenir de la participation russe dans EADS. Après deux heures de discussions ardues mais positives en tête à tête, et alors que les ministres français et russes nous attendaient pour déjeuner, je décidai d'aborder la question de la Syrie. La position française était sans ambiguïté : Bachar el-Assad devait partir. Nous n'avions vu venir ni la révolution tunisienne ni celle d'Égypte, et nous étions convaincus que Bachar el-Assad était sur le point de tomber comme Ben Ali et Moubarak… Nous refusions de voir que la crise syrienne avait pris un autre tour : celui d'une lutte à mort entre l'Iran et l'Arabie saoudite, entre les chiites et les sunnites, pour le contrôle du Proche et du Moyen-Orient.

Je tentai de convaincre Vladimir Poutine de l'issue inévitable de cette crise. Comment la Russie pourrait-elle rester seule – avec la Chine – insensible à l'appel des peuples arabes pour la liberté et la démocratie ? Comment le pouvoir russe pourrait-il passer à côté de l'histoire ? Je lui demandai s'il mesurait bien le fossé qui allait se créer entre la Russie et la jeunesse arabe. Je le conjurai de se ranger dans le bon camp, de ne pas être complice du massacre du peuple syrien et de ne pas donner un coup d'arrêt à la marche de son propre pays vers l'Europe et vers la modernité. Nous allions rester plus de deux heures à débattre de la Syrie. Les ministres qui attendaient dans la salle à manger durent patienter longtemps ; quand nous les rejoignîmes, il était plus de trois heures de l'après-midi.

L'argumentation de Poutine était simple. « Les Américains, après les Soviétiques, ont voulu régler la question afghane, ils ont échoué et vont dans peu de temps quitter Kaboul où les talibans reviendront tôt ou tard. Ils ont plongé l'Irak dans le chaos, ce pays n'existant quasiment plus en tant qu'État depuis la destitution de Saddam Hussein engagée sous un faux prétexte. Ils ont lâché Moubarak en laissant la voie libre aux Frères musulmans. En Libye, ils ont prêté la main à l'exécution de Kadhafi qui ne peut déboucher que sur le retour des guerres tribales, dont la violence sera démultipliée par la montée irrésistible de l'intégrisme musulman dans toute la zone sahélo-saharienne. Pourquoi, dans ces conditions, vouloir à tout prix le départ de Bachar el-Assad qui aura pour conséquence de faire basculer à son tour la Syrie dans le chaos et toute la région avec elle ? Après avoir semé le désordre du Pakistan à l'Afrique de l'Ouest, les Occidentaux vont rentrer chez eux, laissant la Russie seule face à un danger mortel : celui de l'intégrisme qui ne met pas de limites à son rêve de domination du monde. »

Je ne cherchai pas à contredire son raisonnement et ses craintes, mais j'essayai de le convaincre que le pire pouvait encore être évité en Syrie, et que si l'on y parvenait, ce serait une vraie leçon d'espoir pour toute la région. Il suffisait que la Russie cesse de soutenir le régime syrien et facilite une transition politique, en offrant à Bachar el-Assad un asile sûr et en soutenant à Damas une personnalité modérée capable d'engager un processus de réconciliation.

Après m'avoir demandé pourquoi la France n'était pas prête, elle-même, à accueillir le président syrien sur son territoire, Vladimir Poutine me livra l'une des clés de son attitude. « Hier, me dit-il, j'étais au sauna avec Medvedev. Je lui ai fait remarquer que, sur la Libye, il avait été trompé par Sarkozy et par les Américains ; car la Russie a donné son accord au Conseil de sécurité de l'ONU pour l'instauration d'une zone d'interdiction de survol aérien au-dessus de la Libye, pas pour le renversement du régime, et encore moins pour la mise à mort de Kadhafi. » Cette idée que la mort de Kadhafi relevait d'une intention de la part des Occidentaux était déjà apparue dans son discours comme une sorte d'idée fixe. Je lui dis que nous n'étions pour rien dans cette exécution qui avait été le fait des Libyens eux-mêmes. Il me rétorqua que la cache de Kadhafi avait été découverte par nos services, que le convoi qui devait le mettre à l'abri avait été détruit par nos avions, et que nous portions donc l'entière responsabilité de sa mort. « La Russie a été trompée par la France et par les Occidentaux. Cela ne se reproduira plus ! » Telle fut sa conclusion.

On peut contester beaucoup de points dans cette vision des choses. Mais cette conversation révèle au moins deux aspects fondamentaux dont il importe de tenir compte. Le premier est la confiance. Mieux vaut un désaccord assumé avec lui qu'une position ambiguë ou, pire, dissimulée. Sa parole est franche et il attend qu'en face de lui il en soit de même. Le second est la peur. La peur des Russes devant les bouleversements et les déséquilibres du monde.

Il est un fait que l'opinion et les médias français ignorent ou passent trop souvent sous silence : c'est que les dirigeants russes – comme les dirigeants chinois – craignent pour leur propre avenir. Nous les voyons comme des autocrates sûrs de leur domination et avides de conquêtes toujours plus nombreuses. Nous n'imaginons pas à quel point ils peuvent être hantés par le sentiment qu'ils sont menacés, que la position de leur pays sur la scène mondiale est précaire et que leur mission est de défendre coûte que coûte cette position – tout en préservant, à l'intérieur, la cohésion d'une société traversée par des tensions que nous ne mesurons pas davantage. Les Russes ont protégé le régime syrien parce qu'ils estimaient qu'il était lui-même en mesure de les protéger contre les islamistes. La question n'est pas de savoir s'ils ont eu tort ou raison ; la question est de savoir comment tenir compte de leurs peurs pour nouer avec eux des relations plus confiantes et plus porteuses.

Oui, nous nous sommes trompés sur la crise en Syrie. Nous avons plaqué sur elle la grille d'analyse que nous avions échafaudée après coup pour la Tunisie. Ce fut une erreur fatale. La Tunisie est une nation relativement homogène. Elle n'est pas traversée par la lutte entre les chiites et les sunnites ; elle n'est pas un enjeu dans le combat sans merci que se livrent l'Iran et l'Arabie saoudite. Si Bachar el-Assad s'est maintenu au pouvoir par la force depuis maintenant plus de trois ans que cette guerre civile a débuté, c'est parce qu'il a des soutiens dans le peuple syrien et c'est parce qu'il a su habilement jouer des divisions communautaires. En l'ignorant, nous nous sommes placés hors du jeu. Nous n'avons fait qu'attiser l'incendie qui dévore chaque jour des centaines d'innocents, victimes de ce qui est en train de devenir une troisième guerre mondiale : la lutte pour le contrôle de la sphère musulmane et accessoirement des ressources pétrolières.

Nous sommes en partie responsables de l'irruption monstrueuse du prétendu État islamique en Irak et au Levant. Cette vérité est dérangeante pour nous qui pensons toujours être dans le camp du bien et qui aimons tant donner des leçons au monde entier, mais c'est la vérité ! Les bons sentiments affichés par les Occidentaux n'ont pas apporté grand-chose de favorable au Moyen-Orient depuis la fin de la Seconde Guerre mondiale. Nous avons fabriqué des États qui ne sont pas viables pour reproduire nos propres rivalités, nous avons aveuglément organisé le retour des mollahs en Iran, nous avons armé les moudjahidin pour déstabiliser l'Union soviétique, nous avons été incapables d'apporter des solutions justes au conflit israélo-palestinien qui a catalysé le ressentiment des opinions publiques arabes contre l'Occident. Nous avons détruit les digues qui bloquaient le retour de l'affrontement originel entre sunnites et chiites.

La politique russe n'a pas été plus clairvoyante. Elle s'est contentée de soutenir sans faille les pouvoirs en place, quels que soient leurs comportements. Peut-être le temps est-il venu de reconnaître nos erreurs de part et d'autre et de réfléchir à une nouvelle relation entre l'Europe et la Russie. Il ne s'agit pas d'exonérer le pouvoir russe de ses erreurs et de ses fautes, mais de privilégier une relation de long terme sur les postures inutiles.

Dans le cas de l'Ukraine, la Russie a commis plusieurs fautes au regard du droit international, en annexant la Crimée et en soutenant militairement les séparatistes russes. Mais l'Europe aussi s'est lourdement trompée, en cherchant à conclure un accord exclusif avec l'Ukraine, alors même qu'elle fait traîner depuis des années toutes les négociations commerciales avec la Russie. Le message était clair : nous voulions soustraire l'Ukraine à l'influence russe. Après l'accord économique et financier viendrait l'adhésion à l'Otan. Comment ne pas voir que cette politique qui isole Moscou et rejette la Russie dans son vieux statut d'ennemi de l'Occident et de la liberté ne pouvait que conduire à une réaction violente ?

Aucun effort n'a été accompli par les Européens pour associer la Russie à la résolution de la crise ukrainienne. Pire, comme avec l'affaire libyenne, nous avons offert à Poutine la confirmation qu'on ne pouvait pas établir une relation de confiance. L'accord qui avait été trouvé à Kiev par les ministres des Affaires étrangères pour une sortie négociée de la crise fut rompu moins de quarante-huit heures après sa signature. De quoi renforcer la conviction de Poutine que les Européens n'ont pas de parole !

Le bilan de tout cela est désastreux : l'Ukraine est durablement fracturée ; la Russie est renforcée dans son projet impérial aussi anachronique qu'inutile ; les sanctions déstabilisent l'économie russe et ralentissent celle de l'Europe ; la Chine et la Russie se sont rapprochées ; les États-Unis continuent d'exercer leur tutelle sur la politique extérieure européenne, sans contrepartie. Quel succès !

L'Europe doit négocier durement avec le pouvoir russe, elle doit dénoncer les atteintes aux droits de l'homme et la corruption, mais l'Europe doit aussi montrer à la Russie qu'elle la respecte et qu'elle est capable d'exprimer et de tenir face à elle des positions franches.

Il aurait été plus utile d'unir nos forces pour négocier les fournitures de gaz russe et la construction des gazoducs transeuropéens, plutôt que de nous draper dans des postures intransigeantes qui ont fait le jeu de Poutine. La construction du gazoduc Nord Stream, pilotée par l'ancien chancelier Gerhard Schroeder, et celle de South Stream, soutenue par l'Italie de Silvio Berlusconi, ont ruiné tous les efforts des Européens pour maîtriser la relation énergétique avec la Russie. La décision émotionnelle d'Angela Merkel de renoncer au nucléaire après l'accident de Fukushima a fait le reste.

L'Europe est désormais totalement divisée face à Moscou, quelles que soient ses postures martiales sur la crise ukrainienne.

Il va falloir beaucoup de patience et d'habileté pour sortir de cet engrenage dangereux.

XXII

Pour une Europe indépendante

Je plaide pour un souverainisme européen. C'est le moyen de s'extraire de cet engrenage de la division et de la dépendance dans lequel nous avons glissé. Car aujourd'hui le projet européen est enlisé. Pourquoi ? Parce qu'il n'a plus d'objectifs stratégiques. Parce qu'il ne sait pas se présenter comme une ambition concurrentielle. Or aucune entité politique puissante ne s'est jamais construite dans l'histoire sans désigner les compétiteurs auxquels elle choisit de se mesurer pour rassembler ses forces. Qui sont nos concurrents ? Ce sont les pays émergents qui aspirent légitimement à atteindre un niveau de développement équivalent au nôtre et à détenir une part équitable de la richesse mondiale. Mais ce sont aussi les États-Unis. Ils sont nos alliés, nos amis depuis toujours et il n'y a aucune raison de revenir sur ces liens substantiels. Cela ne doit pas nous empêcher de définir nos propres ambitions et d'affirmer un modèle européen, un modèle culturel, social, politique, qui est évidemment proche du leur mais ne se confond pas avec lui.

Soixante-dix ans après la fin de la Seconde Guerre mondiale, vingt-cinq ans après la fin de la Guerre froide, nous aurions pu imaginer que l'Europe aurait peu à peu gagné en autonomie par rapport à ses alliés américains à qui elle était redevable de son salut face à la barbarie nazie et au totalitarisme soviétique. Pourtant ce processus d'émancipation graduelle n'a jamais vraiment eu lieu. L'union avait été présentée comme la condition d'une paix durable, mais aussi comme le moyen de renouer sous une nouvelle forme avec la puissance que les Européens avaient abdiquée en s'anéantissant de façon suicidaire au cours des deux grands conflits mondiaux du XXe siècle.

Pendant des décennies, on a soutenu que l'Europe allait devenir un « géant » de la scène mondiale, et faute d'y parvenir concrètement, on a laissé les peuples se détourner de cet idéal qui a fini par leur apparaître abstrait ou illusoire. Nous avons réussi la paix, mais nous n'avons pas réussi à relever le défi de la puissance. Loin de desserrer leur emprise sur le destin du continent, les Américains la maintiennent de manière plus ou moins douce, plus ou moins tacite, et sont même en train de l'accroître en s'appuyant sur le monopole que détiennent de fait leurs grandes firmes numériques.

Plusieurs événements récents montrent la nécessité non seulement d'une prise de conscience mais d'un renouveau de nos modes d'action.

En juin 2014, BNP Paribas a été condamnée par la justice américaine à une amende de 8,9 milliards de dollars. Quel crime avait-elle donc commis pour justifier une peine aussi considérable ? Elle avait passé des contrats avec des pays placés sous embargo par les États-Unis, comme l'Iran et le Soudan. La France avait-elle interdit toute relation commerciale avec ces pays ? Non. L'Europe ? Pas davantage. Mais la banque avait effectué les transactions incriminées en dollars et cela était suffisant pour qu'elle puisse être poursuivie par la justice américaine. La banque française a peut-être été imprudente, mais le raisonnement juridique qui conduit à sa condamnation à un niveau astronomique – correspondant à sa valeur de mise sur le marché au moment de sa privatisation – a quelque chose d'effarant. Les États-Unis s'arrogent un droit de regard sur toutes les transactions libellées en dollars, quelle que soit la nationalité des entreprises concernées ; prérogative d'autant plus léonine qu'il est en pratique impossible de recourir à une autre monnaie que le dollar ! L'aurait-elle voulu pour contourner l'écueil que la BNP n'aurait pas pu travailler en euros.

Seul le dollar est en effet reconnu comme monnaie de règlement à travers le monde. Quand ENGIE achète du gaz à l'entreprise russe Gazprom, elle doit le payer en dollars. Ce n'est pas un choix, c'est une obligation. Dans les années 1960, Valéry Giscard d'Estaing avait parlé du « privilège exorbitant du dollar » quand il était ministre des Finances du général de Gaulle – à qui l'on a d'ailleurs souvent attribué cette formule. Mais c'était il y a longtemps, la guerre était encore proche, ses séquelles se faisaient toujours sentir, les économies européennes étaient convalescentes , c'était avant la monnaie unique que nous avons créée pour renforcer l'Europe en la libérant des variations de change et des dévaluations à répétition. L'abandon des monnaies nationales n'a pas été sans douleur ni nostalgie, pour l'Allemagne qui était fière de son mark, pour la France où, malgré les faiblesses du franc, sa disparition a pu être vécue comme un nouveau signe de notre perte d'influence. Du moins espérions-nous en contrepartie que la nouvelle monnaie européenne nous donnerait la possibilité de concurrencer le dollar et de sortir de la dépendance où la guerre et ses conséquences économiques nous avaient placés. Peine perdue ! Le dollar est toujours le seigneur de la terre.

L'affaire de la BNP m'a interpellé. J'ai décidé de réfléchir aux conditions qu'il faudrait mettre en place pour que l'euro devienne une véritable monnaie de règlement. J'ai pris mon bâton de pèlerin et je suis allé voir ceux qui pourraient m'aider à bâtir une proposition politique réaliste en ce sens.

Michel Camdessus, ancien gouverneur de la Banque de France et ancien directeur général du FMI, m'a encouragé et m'a confié son inquiétude de voir les Chinois réussir avant les Européens cette émancipation par rapport à l'impérialisme de la monnaie américaine. Le président de la Commission européenne, Jean-Claude Juncker, a immédiatement saisi l'intérêt politique qu'il y aurait à s'engager dans cette voie : mobiliser les Européens autour d'un objectif presque nationaliste, l'indépendance du vieux continent après des décennies de soumission au dollar !

Benoît Cœuré, le numéro 2 de la Banque centrale européenne, m'a rappelé que cet objectif avait été envisagé lors de la préparation du G20 de Nice, mais que la proposition n'avait pas été retenue par nos partenaires.

Alors je me suis rendu à Berlin pour rencontrer Wolfgang Schäuble, le ministre allemand des Finances. C'est toujours une expérience étonnante d'arriver au Bundesministerium der Finanzen, bâtiment très austère, très imposant, qui est l'ancien ministère de l'Air de Goering sur la Wilhelmstrasse, récupéré ensuite par le régime communiste est-allemand. Le mur de Berlin était derrière, à peine cinquante mètres plus loin. Devant cette immense façade rectiligne et grise, on est très loin des pavillons de chasse et des salons de musique où sont installés nos ministères du VIIe arrondissement.

L'accueil, sans décorum, se limite aux procédures de sécurité, on suit de longs couloirs déserts, aux murs totalement nus, et au troisième étage, dans un bureau modeste, dépourvu du moindre ornement, on se retrouve devant l'homme qui règne en maître sur les finances de l'Allemagne réunifiée. Wolfgang Schäuble est dans un fauteuil roulant ; un fou lui a tiré dessus en 1990. Il était ministre de l'Intérieur, il n'avait pas cinquante ans, un bel avenir lui était ouvert. Il a tiré de cette épreuve épouvantable détermination, force, et sagesse. J'ajoute qu'il peut parler français, qu'il aime et connaît notre pays. Je suis allé le voir plusieurs fois depuis 2012. Il me reçoit toujours avec beaucoup de gentillesse et ne compte pas son temps. Je crois à vrai dire qu'il espère à chaque fois comprendre un tout petit mieux, en m'écoutant et en m'observant, les mystères de la politique française qui semble apparaître à ses yeux totalement irrationnelle ou particulièrement ésotérique.

Comme je lui exposais mon projet pour l'euro, il me fit cette réponse à laquelle je ne m'attendais pas : « Vous avez raison, mais on ne peut pas aller contre les Américains, parce que ce sont eux qui assurent notre sécurité. » Ainsi donc l'insolente réussite économique de l'Allemagne ne l'a-t-elle pas encore débarrassée de ses complexes historiques. L'Allemagne est devenue grande mais elle vit toujours dans la maison de ses parents. Le service de renseignement allemand, le BND, espionne Airbus pour le compte des Américains. La NSA écoute le portable d'Angela Merkel sans que cela déclenche un scandale à la mesure de l'affaire. On ne peut pas se rebeller contre ceux qui vous protègent ! Mais nous protègent-ils ? Est-ce vraiment pour nous aider qu'ils ont mis sur écoute Jacques Chirac, Nicolas Sarkozy et François Hollande ? Toute la question est là, car les États-Unis n'ont guère brillé depuis deux décennies par la clairvoyance de leur politique étrangère, ni au Proche-Orient où ils portent une très lourde responsabilité dans le chaos qui gagne peu à peu toute la région, ni vis-à-vis de la Russie qu'ils ont réussi à rejeter hors du monde occidental qu'elle aspirait à rejoindre après la chute de l'Union soviétique.

Sur une autre question stratégique pour l'Europe, j'ai pu mesurer l'intrusion américaine. Il s'agit de la

Grèce. Car ce qu'on observe est tout de même assez surprenant, quand on y pense. Le nouveau gouvernement d'extrême gauche du Premier ministre Tsipras multiplie les provocations à l'égard des Européens, qui n'ont pourtant cessé, depuis plusieurs années, de mettre en place des plans de sauvetage coûteux pour aider Athènes au nom de la solidarité continentale et de tout ce que représente la Grèce dans l'héritage culturel et philosophique de l'Europe. Il annonce qu'il ne respectera aucun des engagements de ses prédécesseurs, qu'il ne remboursera pas les dettes du pays, mais qu'il convient de lui prêter à nouveau des dizaines de milliards d'euros pour qu'il puisse continuer à payer ses fonctionnaires, les retraites de ses ressortissants et une politique sociale que beaucoup de membres de l'Union n'ont pas les moyens de s'offrir. Il insulte l'Allemagne en exigeant subitement la réparation de dommages de guerre – soixante-dix ans après la fin des combats ! – pour détourner l'attention des problèmes structurels qui grèvent la gestion budgétaire de la Grèce.

Les Espagnols, qui ont redressé leur économie et assaini leurs finances au prix de grands sacrifices, n'ont aucune envie de voir les Grecs s'exonérer de tout effort, et d'autant moins que ce serait un formidable encouragement pour les extrémistes de Podemos qui défendent la même politique illusoire et irresponsable. Les Portugais et les Irlandais, qui sont passés par là eux aussi, ne sont pas infondés à rechigner quand on leur demande de dire amen à tout nouveau plan d'aide. Et les Européens de l'Est, dont le niveau de vie est souvent inférieur à celui des

Grecs, n'ont pas envie de taxer leurs citoyens pour aider Tsipras à augmenter le salaire minimum ! Tout serait donc réuni pour que les Européens disent son fait à Athènes et se montrent enfin intransigeants sur le respect des conditions posées au soutien qu'on lui apporte et à son maintien dans l'euro. Et pourtant, la Grèce donne le sentiment de ne rien redouter de la part de ses partenaires. D'où peut bien lui venir cette étonnante assurance ?

Un haut responsable du FMI m'a assuré que Barack Obama était intervenu vigoureusement auprès de la chancelière allemande pour qu'elle ne se montre pas trop dure avec la Grèce et ne la laisse pas tomber quoi qu'il arrive. Le président américain serait-il soucieux de la cohésion européenne et de l'avenir de l'euro ? On peut en douter. Ce qu'il a en tête, c'est plutôt la présence de la Grèce dans l'Otan, les facilités accordées par ce pays à la VIe flotte, l'équilibre des forces avec l'autre membre de l'Alliance atlantique dans la région, la Turquie. S'y ajoute aussi, probablement, l'importante communauté grecque vivant aux États-Unis.

Il y a deux millions d'Américains d'origine grecque qui habitent pour la plupart à New York, à Detroit et surtout à Chicago. En grande majorité ils votent démocrate. Barack Obama, qui a fait toute sa carrière politique à Chicago, ne l'a sans doute pas oublié. Plusieurs de mes interlocuteurs dans les instances européennes ont évoqué devant moi ce soutien inattendu et peu approprié à partir du moment où ce qui est en jeu, c'est l'avenir de la monnaie européenne et la crédibilité financière de l'Union. Pouvons-nous accepter cette immixtion de la politique intérieure américaine dans les questions fondamentales auxquelles l'Europe doit être capable de répondre elle-même si elle veut vraiment avoir son destin entre ses mains ?

Ces deux exemples plaident pour que l'Europe se dote d'un projet politique d'indépendance. C'est une nécessité à l'échelle de l'Histoire, c'est aussi une opportunité politique pour réconcilier l'Europe avec les peuples qui la composent et qui ont fini par la considérer comme une technocratie abstraite et tatillonne.

Comment construire cette indépendance européenne ?

D'abord en s'appuyant sur l'euro. Il faut en faire une vraie monnaie de réserve et l'imposer progressivement comme monnaie de règlement. Cela ne se décrète pas. On ne peut y parvenir qu'en créant de la confiance. Comment la créer ? Le préalable indispensable à mes yeux, c'est l'harmonisation fiscale des nations qui ont choisi d'avoir l'euro en partage. Je propose un agenda contraignant qui harmonisera en cinq ans les taux et les bases de l'impôt sur les sociétés, et en dix ans l'ensemble de la fiscalité des entreprises. Cela ne peut pas se faire sans un gouvernement économique de la zone euro qui devra être mis en place sans tarder. Il se réunira tous les mois au niveau des chefs d'État et de gouvernement et se dotera d'un secrétariat léger, distinct des services de la Commission européenne.

Ce gouvernement économique doit pouvoir dialoguer avec la BCE sur la politique monétaire, comme le font tous les gouvernements avec leur banque centrale, pour une plus grande efficacité économique. C'est la condition pour que l'euro s'impose comme une monnaie souveraine que les entreprises européennes pourront utiliser plus largement dans leurs transactions internationales. Il est d'autant plus urgent d'agir que les Chinois sont déjà en train de réfléchir aux moyens de briser l'hégémonie du dollar, notamment en imposant leur monnaie dans leurs échanges avec les entreprises étrangères. Ils partent de beaucoup plus loin que nous, car le yuan ne joue pour le moment que marginalement le rôle de monnaie de réserve, alors que l'euro représente tout de même 20 % des réserves mondiales, le dollar étant à 60 %. Mais ils ont la puissance et la volonté. Si nous ne faisons rien, non seulement nous resterons sous la tutelle du dollar, mais nous serons surclassés par les Chinois qui au départ ont pourtant moins d'atouts que nous de ce point de vue-là.

La deuxième priorité d'une Europe indépendante devrait être l'énergie. Je n'ai pas peur de dire que la décision d'Angela Merkel d'abandonner le nucléaire au lendemain de Fukushima, couplée avec le chacun pour soi des Européens dans leurs achats de gaz et de pétrole, conduit tout droit à une catastrophe. Pour se passer du nucléaire, l'Allemagne doit développer les énergies renouvelables et accroître considérablement ses achats de gaz à la Russie. Mais les principales énergies renouvelables, le solaire et l'éolien, ont une caractéristique problématique : elles ne sont disponibles que par intermittence – quand il y a du soleil et du vent. Intermittence qui coïncide assez rarement avec les pointes de consommation électrique…

Pour parer à ces pointes, il faut garder sous la main d'importantes capacités conventionnelles, des centrales au gaz ou au charbon, qui restent le plus souvent à l'arrêt. Cette surcapacité représente un coût très important qui risque d'ailleurs, à terme, de rendre l'économie allemande beaucoup moins compétitive. Bien sûr, on peut toujours faire l'impasse sur les pointes de consommation, avec le risque de faire sauter le réseau électrique européen interconnecté. Mais comment peut-on accepter de plonger nos villes dans la nuit – sans parler de notre usage permanent du numérique qui repose largement sur les infrastructures électriques traditionnelles – simplement parce que nous n'aurons pas su définir une stratégie énergétique durable, indépendante, sécurisée ?

La dépendance que créent pour l'Europe ses achats massifs de gaz russe l'affaiblit dans ses négociations avec Moscou et l'expose en cas de conflit à des mesures de rétorsion, voire à un embargo qui paralyserait toute l'économie du continent. Lors de la présidence française de l'Union européenne en 2008, nous avions inscrit cette question de la coordination des politiques énergétiques à l'ordre du jour. Nous avions proposé que l'Union prenne en charge la réalisation des gazoducs destinés à relier le sud et le nord de l'Europe à la Russie. Nous aurions pu ainsi grouper les achats et peser sur les prix et sur les politiques russes. Mais en l'absence de volonté, du côté allemand notamment, cette idée n'a pu aboutir et chacun s'est lancé dans une négociation séparée avec Moscou.

L'Allemagne a conclu un accord avec Gazprom – dont l'ancien chancelier Schroeder est l'un des hauts dirigeants – pour réaliser deux tuyaux dénommés Nord Stream qui la rattachent directement à la Russie en courant à travers la Baltique jusqu'à Stralsund en Poméranie occidentale. J'étais à Lubmin dans le Land de Mecklembourg le 8 novembre 2011 pour assister à l'inauguration de ce gazoduc. Le jeu diplomatique m'avait naturellement interdit d'exprimer mon sentiment. Mais il était clair que ce jour-là, dans cette ville minière qui appartient à la circonscription d'Angela Merkel, au milieu d'une vieille centrale nucléaire est-allemande en cours de démantèlement, nous avions célébré en grande pompe ce qui était en réalité un échec cuisant pour l'Europe. Nous avions fêté le renforcement de notre dépendance à l'égard de notre grand voisin oriental. Il est encore temps de réagir, il est encore temps de bâtir une politique énergétique unifiée autour d'une stratégie d'indépendance et de compétitivité. Il faut créer la volonté commune qui nous manque. Il est encore temps, mais nous ne pouvons pas nous permettre de tarder indéfiniment.

Allons plus loin encore : il ne saurait y avoir d'indépendance européenne sans une politique de sécurité intérieure et extérieure. C'est la troisième priorité. À l'intérieur, la question est celle des frontières. L'Europe doit définir ses frontières et les faire respecter. À l'extérieur, c'est d'une politique de défense commune dont nous avons besoin. J'étais à l'Élysée le 11 janvier 2015, lorsque François Hollande a invité les chefs d'État et de gouvernement de quarante pays à participer à la marche silencieuse contre le terrorisme. Tous les Européens étaient présents. Magnifique expression de solidarité qui faisait chaud au cœur. Mais on pouvait espérer qu'au-delà du sentiment commun d'horreur et de sidération, se ferait jour une prise de conscience de la crise diplomatique mondiale vers laquelle nous sommes en train de basculer et dont ces attaques menées au nom du prétendu État islamique en Irak et au Levant représentent un terrible symptôme.

J'attendais de cette journée des déclarations fortes, en particulier de la chancelière allemande. Mes espérances ont été déçues. Angela Merkel a fait preuve de compassion, mais sans jamais envisager d'engager ses forces dans un combat où les soldats français sont bien seuls. La France, malgré sa situation financière dégradée, conserve la seule armée véritablement opérationnelle du continent. Engagée au Mali dans un conflit qui va durer, en Centrafrique, en Irak, sans parler de sa participation à la Finul au Sud-Liban, celle-ci touche depuis longtemps aux limites de ses capacités. Paris supporte bien plus que sa part de la défense des intérêts vitaux de l'Europe. Il est temps que Berlin supporte aussi ce fardeau. Il ne s'agit pas de créer une armée européenne qui n'aurait ni légitimité ni unité de commandement, mais de partager les efforts en se répartissant les responsabilités et en mutualisant les moyens. Je n'ai jamais soutenu l'idée, tellement française, de sortir les dépenses de Défense des critères du pacte de stabilité. Pourquoi la Défense et pas l'Éducation ou la Recherche ? Mais je ne peux plus accepter de voir l'Allemagne aligner les succès économiques et financiers tout en laissant à Washington et à l'Otan le soin d'assurer sa sécurité. Le sujet reste sensible, trois quarts de siècle après le cataclysme nazi. Pourtant l'Allemagne a fait la preuve depuis longtemps de son comportement irréprochable ; elle s'est déjà engagée sur de nombreux théâtres d'opérations ; et son budget militaire a dépassé le nôtre en 2013.

C'est une question d'indépendance et en même temps d'efficacité stratégique ; car depuis vingt ans – on peut même remonter au coup d'État en Iran pour rétablir le Shah sur son trône, en 1953 –, les États-Unis ont accumulé de graves erreurs dont nous payons les conséquences et dont nous partageons malgré nous la responsabilité. Bien sûr, ce sont nos alliés et nous n'oublions pas ce que nous leur devons, mais nous avons désormais le devoir de nous opposer à leur stratégie quand elle est mauvaise ; et nous ne pouvons plus accepter leur domination monétaire, économique, diplomatique, au prétexte qu'ils assurent notre sécurité. Ce qui, au demeurant, n'est pas tout à fait exact.

Cela vaut enfin pour le numérique. Le numérique est né aux États-Unis, ce qui a donné aux entreprises américaines du secteur un monopole considérable et un temps d'avance dans les innovations. L'enjeu n'est pas seulement économique, il est aussi stratégique, car la position dominante de leurs entreprises donne aux Américains une capacité de contrôle quasi impériale dont les modalités sont inédites dans l'histoire. L'Europe doit mettre son potentiel technologique au service d'un vrai projet politique. Elle doit investir massivement dans la recherche et l'innovation, soutenir les start-up qui inventent de nouveaux services, sans pouvoir hélas les développer dans la durée faute de financement, faute d'un marché de taille suffisante, faute de réglementation adaptée ; elle doit adopter des normes qui favorisent ses entreprises et ses chercheurs, défendre la neutralité de l'Internet et contrer sur son sol la prééminence des majors américaines et bientôt chinoises. Je milite par exemple pour la mise en place d'un agenda européen concernant l'équité de traitement fiscal entre les majors américaines du numérique et les entreprises européennes, un agenda qui devra aussi inclure les questions d'harmonisation des fréquences ou encore des objectifs de haut débit pour tous. Les instances de l'Union européenne doivent vite se désintéresser des passes à poissons sur nos rivières pour affirmer de réelles ambitions dans ce domaine où se joue notre avenir.

XXIII

La révolution numérique ne fait que commencer

Petit voyage dans le temps. Jacques Chirac a été élu en 1995, et j'ai été nommé, dans le premier gouvernement dirigé par Alain Juppé, « ministre des Technologies de l'information et de la Poste ». Quelques mois plus tard, sans que mes attributions changent, l'intitulé a été modifié : il est redevenu, comme avant, ministère de la Poste et des Télécommunications, formule classique, à laquelle on avait tout de même ajouté l'Espace. Et donc, j'ai finalement été le seul à avoir jamais porté ce titre éphémère et inédit de « ministre des Technologies de l'information », qui me vaut parfois d'être présenté comme le premier des ministres à avoir été officiellement et explicitement en charge du numérique en France – le premier « ministre de l'Internet » en quelque sorte.

Internet s'était ouvert au public français en 1994 avec l'apparition des premiers fournisseurs d'accès. À ce moment-là, j'étais déjà ministre de la Recherche dans le gouvernement d'Édouard Balladur et je savais que quelque chose était en train de se passer. Je suis très vite devenu un usager de ce nouvel outil. L'un des premiers dossiers sur lesquels j'ai travaillé en 1995 comme ministre des Technologies de l'information était d'ailleurs inspiré par mon expérience d'internaute : en me connectant chez moi, dans la Sarthe, je recevais des factures de téléphone astronomiques. Je n'étais pas le seul dans ce cas, et il était évident qu'il y avait là un frein à la démocratisation d'Internet en même temps qu'à son développement. J'avais donc décidé de monter des négociations entre France Télécom et les fournisseurs d'accès pour faire en sorte que tous les Français, où qu'ils soient sur le territoire, puissent accéder à Internet au prix d'une communication locale. On dirait qu'on parle de la préhistoire, maintenant que nous pouvons l'utiliser de manière illimitée sur la base d'un forfait raisonnable ; mais à l'époque il était important d'agir sans retard pour créer les conditions de l'égalité d'accès et de la maîtrise des coûts, exigences démocratiques qui allaient en même temps démultiplier le marché de l'équipement informatique personnel et la création de sites web dans tous les domaines.

Il était assez exaltant d'être en prise directe avec ce phénomène nouveau. Mais en toute honnêteté, à l'époque, sans aller jusqu'à dire que cela passait inaperçu, cela n'apparaissait pas particulièrement comme un « grand sujet » dans les médias et le monde politique. On savait que cela allait changer beaucoup de choses ; on réfléchissait, on imaginait ; tout était ouvert. Mais il y avait un certain nombre de pointillés que nos facultés d'anticipation ne savaient pas relier ni même tout simplement voir. Vingt ans après, quand on se retourne sur le chemin parcouru, on peut dire que la réalité est allée plus loin, plus fort et plus vite que nos prévisions. L'omniprésence actuelle d'Internet dans nos manières de penser, de travailler, d'organiser notre vie quotidienne, était difficilement concevable – sauf pour quelques rares intelligences visionnaires – dans les circonstances de 1995. Par exemple, la conjonction entre Internet et la téléphonie mobile – elle-même encore balbutiante à l'époque – relevait à peu près de la science-fiction ; bien audacieux celui qui aurait tablé sur elle à brève échéance. Moi-même, j'avoue que j'ai cru qu'Internet et le minitel cohabiteraient à parts à peu près égales pendant une assez longue période – plus longue que ce qui s'est produit en réalité.

Il faut se souvenir que si Internet avait alors ses hérauts ou ses prophètes, nombreux aussi étaient ceux qui en sous-estimaient l'intérêt, qui n'y voyaient qu'un phénomène de mode, qui disaient qu'« on n'en parlerait plus dans trois mois » ou même que « c'était déjà du passé » – choses que j'ai entendues de la bouche de hauts responsables de France Télécom qui, de bonne ou de mauvaise foi, défendaient les vertus du minitel contre ce qu'ils percevaient comme une concurrence sauvage venue d'ailleurs. Mais en dehors de France Télécom qui était frontalement touché par cette évolution, il y avait encore beaucoup de gens en 1995 qui considéraient Internet comme l'objet d'un choix possible, qui raisonnaient comme si l'on pouvait faire avec ou sans Internet – et j'avais la chance d'être assez informé pour me rendre compte que nous étions bel et bien en face d'une nécessité et pas d'une alternative.

Ma proximité avec ces sujets me singularisait quelque peu au sein du monde politique. En ce temps-là, il n'y avait pas d'ordinateur dans le bureau des ministres. J'avais réussi à en obtenir un sans trop de difficulté, mais les choses s'étaient compliquées quand j'avais demandé à avoir Internet, ce qui était tout de même assez normal étant donné l'intitulé de mon ministère. On m'avait d'abord dit : « Monsieur le Ministre, vous n'y pensez pas, c'est *interdit*... » Les gens de l'Intérieur étaient très inquiets dès qu'on leur parlait d'Internet. Devant mon insistance, on avait fini par me l'accorder. Tout le problème était alors de l'installer.

Les techniciens du ministère étaient un peu à la peine ; je me souviens que finalement, c'est l'informaticien de la mairie de Sablé que je fis venir pour me connecter au réseau. Ensuite, c'est moi qui ai joué à l'informaticien amateur en proposant en quelque sorte des petites « formations » à mes collègues du gouvernement. Je leur montrais comment marchaient les e-mails ; je cherchais à m'en faire des correspondants... Il a fallu qu'un peu de temps passe avant que cette démarche ne soit couronnée de succès. J'avais deux boîtes mails, une personnelle et l'autre professionnelle, mais le débit des messages n'avait pas grand-chose à voir avec ce qu'il est devenu par la suite. Je peux assez facilement résumer en deux ou trois grandes catégories les mails que je recevais en 1995 : il y avait – disons trois fois sur quatre ! – ceux qui me demandaient : « Est-ce que ce serait vous par hasard le ministre des Technologies de l'information ? » ; ensuite, il y avait ceux que m'envoyait Joël de Rosnay, le directeur de la Cité de la Villette, l'un des hommes les plus « connectés » qui soient, qui était à l'affût de tout ce qui se passait sur Internet et qui m'en faisait part ; et puis il y avait le reste, qui représentait un volume encore assez mince, quelques correspondances avec mes frères, avec des amis, avec des collaborateurs.

Tout a changé en l'espace d'une vingtaine d'années. L'évocation de ces souvenirs – qui ne sont pas si anciens mais qui apparaissent pourtant extrêmement lointains – prête évidemment à sourire, mais elle donne la mesure de la révolution qui s'est opérée dans nos existences et elle conduit à réfléchir à l'ampleur des mutations qui vont encore se dessiner.

Les objets connectés, le Big Data (les milliards de données générées par l'usage d'Internet), l'impression 3D, par exemple, vont au cours des prochaines années faire entrer cette révolution dans de nouvelles phases. Notre vie quotidienne va encore se transformer. Il est assez probable qu'avant dix ans nous ne conduirons plus notre voiture qui sera capable d'emmagasiner, de recevoir et de traiter toutes les données nécessaires à la définition de ses trajectoires autonomes. Nous irons d'un point A à un point B en lisant un livre, en regardant un film ou une série. Le trafic sera désengorgé, la pollution sera canalisée, les accidents seront moins nombreux. Transports, eau, énergie, etc., la gestion des flux en général va atteindre un niveau de rationalisation, d'efficacité, de fluidité, bien supérieur à ce que nous avons connu jusqu'à présent. Cela aura des effets bénéfiques sur les coûts, sur la protection de l'environnement, et tout simplement sur notre qualité de vie. La médecine va faire de nouveaux progrès grâce à la possibilité de recueillir et d'analyser toutes les données individuelles des patients. Des perspectives optimistes dans la lutte contre le cancer sont ainsi en train de se dessiner grâce à des superordinateurs comme le Watson d'IBM.

En février 2014, pendant la campagne pour les élections municipales, j'ai parcouru les rues de Saint-Étienne avec Gaël Perdriau, le candidat de la droite et du centre, qui allait, quelques semaines plus tard, ravir la mairie de la ville à la gauche. Le temps était maussade, les commerçants aussi. La situation économique, le chômage particulièrement élevé dans cette vieille ville industrielle, la crise de confiance dans notre système politique étaient sur toutes les lèvres. Rue Teissier, nous sommes entrés dans une toute petite librairie qui s'appelait *Quartier latin*. Je n'osais même pas imaginer le moral du libraire. Une librairie indépendante, à Saint-Étienne : un secteur en pleine crise, une région économiquement sinistrée… C'était la double peine, en quelque sorte. Pourtant, le patron ne semblait pas de si mauvaise humeur. Je fis le choix de la prudence. « Cela doit être dur », commençai-je, comme si je savais déjà ce qu'il allait me dire. « Pas du tout, me répondit-il. L'année a été excellente. J'ai vendu plusieurs milliers de livres aux États-Unis, dans toutes les grandes universités, à Harvard, à Columbia, en Californie… » Devant mon incrédulité, il me désigna son enseigne : « Un site internet appelé *Quartier latin*, une bonne expertise en littérature française, et le tour est joué ! »

Pour notre économie à la recherche d'un second souffle, Internet est un formidable gisement de croissance, mais qui n'est pas exploité autant qu'il devrait l'être. Dans nos entreprises, le basculement vers le numérique est resté en deçà de son potentiel. 65 % des entreprises françaises disposent d'un site internet. Au Royaume-Uni, c'est 80 %, en Suède 90 %. 14 % des entreprises françaises reçoivent des commandes par Internet, contre 17 % en moyenne dans l'Union européenne et en particulier 26 % en Allemagne. Cinq cent mille de nos PME sont encore totalement déconnectées de l'économie numérique, faute de moyens, de temps ou de compétences. Nous prenons du retard dans le développement du commerce électronique. 16 % du chiffre d'affaires du e-commerce européen provient de la France, mais 22 % d'Allemagne et 33 % du Royaume-Uni. Bref, nous avons des marges de progression très importantes. De 5,5 % du PIB aujourd'hui, le numérique pourrait passer à 7 % en 2020. Si la France rattrape son retard sur les cinq pays les plus performants dans ce domaine – Corée du Sud, Royaume-Uni, Chine, États-Unis, Japon –, nous pouvons tabler sur un gain de soixante-dix milliards d'euros de PIB. Mais ce n'est pas en restant les bras croisés que nous exploiterons ces marges de progression.

Il faut maintenant créer les conditions qui feront de la France l'un des leaders mondiaux du numérique. Nous avons beaucoup d'atouts pour cela. Des ingénieurs, des programmeurs, des mathématiciens excellents. Une tradition d'innovation qui correspond parfaitement à l'écosystème numérique. Un patrimoine et une créativité artistiques dont le prestige est reconnu dans le monde entier. Pour tirer profit de ces atouts, il faut définir et lancer une vraie politique du numérique, ambitieuse et conséquente. Une politique qui doit agir dans de nombreuses directions et ne rien laisser perdre de ce gisement : le développement des infrastructures et de la culture du numérique, la rénovation de l'administration, la création d'un environnement économique favorable, la protection et le traitement des données...

L'action publique doit être tournée contre toutes les formes d'exclusion ou de marginalisation numérique – géographique, générationnelle, sociale, professionnelle. À peu près 20 % de la population française n'est aujourd'hui pas connectée. Ce sont essentiellement des personnes âgées, ou qui sont peu diplômées, ou qui ont peu de ressources financières, ou qui vivent dans des territoires où l'accès au numérique est difficile sinon impossible ; et bien sûr, ces difficultés peuvent s'additionner. L'accès à ces services doit être assuré sur tout le territoire. Je souhaite l'extinction des réseaux de cuivre – c'est-à-dire des réseaux téléphoniques classiques – et leur remplacement par la fibre optique, le câble et les liaisons satellites. Aucun village de France ne doit être laissé de côté. La vie qui disparaît peu à peu de certains de nos terroirs peut y revenir grâce au numérique qui abolit les distances, donne accès à toutes les informations du monde et permet à chacun de « vivre et travailler au pays », pour reprendre un vieux slogan du Parti communiste des années 1970 !

À l'école, l'enseignement du numérique doit être généralisé grâce à des professeurs spécialisés, titulaires d'un nouveau Capes informatique. Il faut développer la compréhension et l'appropriation du numérique par les élèves, à tous les niveaux. Des rudiments de programmation et de codage doivent figurer au programme du collège et du lycée. Il faut créer une véritable filière de formation de codeurs en alternance pour subvenir aux besoins considérables du marché, estimés à plus de cent cinquante mille professionnels par an. La moitié des manuels scolaires devra passer au format digital et un marché des contenus pédagogiques devra être stimulé par la commande publique. C'est un enjeu doublement stratégique, car d'un point de vue économique, il s'agit de rattraper le retard pris sur les éditeurs anglo-saxons, et d'un point de vue culturel, de ne pas perdre le contrôle de contenus essentiels pour la formation de nos élèves.

L'État doit montrer l'exemple. C'est une évidence. Il faut qu'il se saisisse de cette révolution pour réduire ses dépenses et améliorer ses services. La puissance publique doit aller au bout de la dématérialisation des procédures et des échanges avec les usagers. Notre horizon doit être une « administration zéro papier » qui simplifiera la vie des citoyens et des entrepreneurs. Les services de l'État répondront dans la journée à n'importe quel courriel envoyé par un administré – oui, dans la journée ! Les formulaires en ligne remplaceront les interminables allers et retours aux guichets publics ouverts aux heures où personne ne peut s'y rendre. Les documents mal remplis, les pièces manquantes qu'il faut rapporter au prochain rendez-vous ne seront plus qu'un lointain souvenir.

La numérisation est un chantier essentiel et considérable qui doit être un exemple de bonne gestion. L'expérience désastreuse du logiciel de paie des armées – bien mal nommé du nom du ministre de la Guerre de Louis XIV, Louvois – comme celle de la carte santé ou du RSI, ont illustré les désordres d'un système de commande publique défaillant. Au ministère de la Recherche, j'avais eu à plusieurs reprises l'occasion de constater la lourdeur et l'inefficacité de nos procédures d'attribution des crédits publics. Chaque ministère, chaque administration, chaque organisme de recherche, chaque université veut sa part de ces crédits. Au nom de la paix des ménages et d'une égalité républicaine mal comprise, la tentation est grande de répartir les budgets publics entre tous les acteurs, sans véritable hiérarchisation. Les maires des grandes villes, les présidents des départements et des régions, les parlementaires, les organisations syndicales, tous interviennent au nom de leurs territoires et de leurs mandants pour que personne ne soit oublié, au mépris de l'excellence et de la bonne utilisation de l'argent public.

C'est pour éviter cela qu'en 2010, quand on décida d'un ambitieux programme d'investissements d'avenir pour relancer notre économie affaiblie par deux années de crise financière, je choisis d'en confier le pilotage à un homme secondé d'une toute petite équipe et directement rattaché à Matignon : René Ricol, issu du secteur privé, qui avait remarquablement réussi dans sa mission de médiateur du crédit pendant la crise financière. Grâce à lui, les 25 milliards destinés à soutenir l'innovation ont été attribués aux meilleures équipes de recherche et aux entreprises les plus innovantes, sur la base d'évaluations internationales. Pas une seule fois je n'ai cédé à une intervention politique en faveur d'un projet qui n'avait pas été retenu par le commissaire aux investissements d'avenir. La sélectivité des financements est une nécessité absolue pour un pays aussi endetté que la France.

Je préconise la même méthode pour l'action numérique de l'État. Il faut des achats centralisés, une préoccupation constante de cohérence des systèmes et des réseaux, et une quote-part d'achat public d'au moins 30 % réservée aux PME, dans l'esprit du Small Business Act américain – toujours donné en exemple mais jamais transposé dans les faits. Dépourvu de structure administrative lourde, ce commissariat au numérique devra sous-traiter expertises et contrôles à des acteurs privés mis en concurrence.

L'un des grands enjeux du monde qui est en train de se construire, c'est la maîtrise des milliards de données générées par l'usage de l'Internet – ce qu'on appelle le Big Data. C'est un enjeu immense du point de vue du commerce, du développement durable, des libertés publiques. Je veux créer un service public de l'Open Data qui sera garant du bon usage de ces données dont on peut tirer des bénéfices considérables dans tous les secteurs de la vie quotidienne. Avec ces données, on sait qu'on peut optimiser l'exploitation des réseaux urbains par la prédiction à une heure du trafic, l'approvisionnement en eau qu'on suit en temps réel pour mieux ajuster la distribution, ou encore le budget énergétique des lieux publics puisqu'on peut détecter et résoudre aussitôt les anomalies.

Au fond, l'une des nouvelles fonctions de l'État, dans ce monde qui est en train de se dessiner sous nos yeux, sera de collecter l'information, de la traiter et de la mettre à disposition de tous. Cette information pourra ensuite être utilisée notamment par les entreprises qui développeront de nouveaux services. Il y a tout un cercle vertueux à créer. Il appartient à l'État d'une part de fixer les grandes lignes communes sur ce qui peut être fait, et d'autre part de garantir pour les acteurs concernés un cadre opératoire qui soit le plus flexible possible. Ce n'est pas l'État qui doit tout faire, comme il y a trente ou quarante ans. Il a un rôle de pilote à tenir, mais piloter n'est pas forcément opérer. Cette grande politique numérique – qui recèle des gisements considérables de richesse et d'emploi – associera en permanence les citoyens, les entreprises qui ont le savoir-faire et l'État en charge de la gouvernance et de la mise à disposition de l'information.

La croissance des entreprises numériques dépend largement de la libéralisation que je préconise pour notre économie, mais des mesures spécifiques à ce secteur sont nécessaires. La principale concerne le développement du capital-risque au service des PME innovantes. Tous les moyens doivent être mobilisés pour faciliter leur croissance : orientation d'une partie de l'épargne vers des fonds spécialisés dans l'innovation, intégration des notions de risque par la prise en compte fiscale des moins-values éventuelles, généralisation du e-learning et des MOOC pour la formation professionnelle. Le recours à ces outils représente un gain de temps et d'argent considérable. C'est un élément clé de la compétitivité de notre économie.

Je suis, je l'ai dit, un partisan du progrès et je considère que les opportunités que nous offre le numérique sont encore plus grandes que les risques auxquels il nous confronte. Mais ces risques existent, ils sont nombreux, et l'action publique doit aussi être tournée vers la protection.

Plus notre société développe ces nouveaux outils, plus elle est exposée à de nouvelles formes d'agression, criminelles ou terroristes. Déjà, les dommages financiers générés par les vols numériques sont plus élevés que ceux causés par nos bons vieux crocheteurs. Les grandes entreprises craignent par-dessus tout les attaques informatiques qui peuvent en quelques instants causer leur ruine. Henri de Castries, le brillant patron d'AXA, l'un des tout premiers groupes mondiaux d'assurances, me confiait que ce risque-là était le seul qui l'empêchait de dormir. S'en protéger demande d'énormes efforts, car il faut une stratégie de défense efficace à 100 %, quand les assaillants n'ont besoin que d'une seule faille pour investir la forteresse. Plutôt que de multiplier les contrôles fiscaux des PME, l'État ferait mieux d'investir dans une véritable force armée numérique capable de contrecarrer ces agressions. L'Union européenne aussi devrait au plus vite se saisir de cette question, car pour gagner ce combat nous avons besoin d'une coordination puissante associant les États, les organisations régionales et le secteur privé.

La défense de la propriété intellectuelle reste un des grands enjeux de l'Internet. La création de l'Hadopi par la loi du 12 juin 2009 a fait – on s'en souvient – couler beaucoup d'encre. La gauche s'y est opposée par réflexe contre la majorité au pouvoir, et pour ne pas se couper d'une jeunesse qui a du mal à accepter que la musique et le cinéma ne soient pas gratuits alors qu'il est si facile d'y accéder depuis son portable, sa tablette ou son ordinateur ; elle s'est en même temps aliéné un certain nombre de créateurs qui étaient loin d'être de droite mais qui n'ont pas apprécié que par démagogie on sacrifie leur seule source de revenus – revenus qui peuvent être importants si le succès est là, mais qui sont le plus souvent irréguliers et incertains. À l'étranger, cette loi a été considérée comme une initiative forte par beaucoup d'acteurs du monde culturel qui n'étaient pas partie prenante aux querelles politiciennes franco-françaises. François Hollande avait annoncé lors de sa campagne qu'une fois élu il abrogerait la funeste loi Hadopi. Il n'en a évidemment rien fait. Il s'est, du même coup, enfermé dans l'ambiguïté. Ses messages contradictoires ont empêché toute action forte contre le piratage.

Tout en maintenant la dissuasion qui a eu des effets positifs sur les usages individuels, le téléchargement illégal ayant cessé d'être considéré comme une évidence, je préconise d'exercer une pression constante et ferme sur les moteurs de recherche, les intermédiaires de paiement en ligne ou encore les acteurs de la publicité, pour qu'ils adoptent des pratiques vertueuses. Je suis convaincu qu'il existe de ce point de vue un consensus dans le monde numérique, car c'est l'intérêt de ses entrepreneurs dans leur majorité. De nouvelles formes d'offre légale où tout le monde est gagnant continuent de s'inventer. Les évolutions auxquelles on assiste me renforcent dans la conviction que la loi Hadopi, malgré ses imperfections, était philosophiquement juste, car il n'y aura plus de création si l'on sacrifie les créateurs, et qu'elle n'était pas si déconnectée des voies que les usages quotidiens sont en train d'emprunter.

Internet est en train de changer la démocratie. Chacun peut exprimer à tout instant ses opinions, ses jugements, ses émotions. Le filtre des grands médias et des sondages commandés d'en haut a perdu sa force contraignante. La représentation elle-même est en train de vaciller. En apparence, c'est le vieux rêve des philosophes du XVIIIe siècle, celui d'une démocratie directe à grande échelle, qui se concrétise. Pour des États-nations de plusieurs millions d'habitants, la représentation était une sorte de succédané de la petite démocratie athénienne – impossible à reproduire telle quelle – où chaque citoyen prenait effectivement part aux décisions politiques. Moins que jamais la démocratie représentative apparaît comme la fin de l'histoire. Une nouvelle forme de démocratie, plus participative, est en train de se dessiner. Mais elle reste dans une large mesure à inventer.

En réalité, derrière cette apparence de totale transparence se dissimulent les pires manipulations et de sérieux dangers pour les libertés. Jamais l'opinion ne s'est sentie plus indépendante des pouvoirs et pourtant jamais il n'a été aussi facile de la fabriquer. On peut acheter des amis sur Facebook, payer pour être plus visible, utiliser des services spécialisés pour nettoyer son profil sur Google en écrasant par une avalanche de mentions positives celles qui le sont moins. On peut organiser des sondages où ce sont des machines qui votent.

En 2012, durant la campagne pour l'élection à la présidence de l'UMP, un quotidien organisa un sondage pour savoir qui, de Jean-François Copé ou de moi, avait la préférence des Français. Au bout de quelques heures, le maire de Meaux avait recueilli des dizaines de milliers de votes positifs. J'étais parti pour être battu à plates coutures. Mon orgueil ne souffrit pas trop longtemps : à l'évidence, ce n'étaient pas des lecteurs du journal qui votaient, mais bien des machines qui se connectaient en masse aux serveurs. Un de mes soutiens, qui dirigeait une entreprise informatique, me dit que ce n'était pas très compliqué à faire et m'offrit de riposter avec ses propres ordinateurs. Quelques heures après, plus de cinq cent mille votes avaient été enregistrés en ma faveur. Je décidai de couper court à tout cela. Mon but n'était pas de remporter cette grotesque course à l'échalote, mais de mettre en évidence l'imposture aux yeux de la rédaction du journal. Ce sondage bidon fut immédiatement stoppé et aucun résultat n'en fut bien sûr publié.

Il est fréquent de célébrer les méthodes de campagne de Barack Obama et son usage incroyablement personnalisé de la communication numérique. Durant sa dernière campagne, chaque citoyen américain ou presque a reçu plusieurs messages « personnels » du candidat démocrate, tenant compte de son lieu de résidence, de sa profession, de sa situation familiale, de sa religion et de ses choix politiques. Le système fonctionne exactement comme Amazon. Chaque fois que vous vous rendez sur un site internet pour y chercher une information, votre profil est enrichi de votre recherche et l'on vous propose des produits qui vous correspondent. Cela signifie qu'il n'y a plus d'espace pour la vie privée, pour l'anonymat, pour le droit à l'oubli. Cela signifie aussi que la puissance économique et financière peut faire la différence dans une élection, puisque c'est celui qui obtiendra le plus de fichiers et d'informations personnelles qui pourra toucher le plus grand nombre d'électeurs.

Il va de soi que ces informations ne sont pas gratuites. Elles constituent même un gisement de richesses comparable au pétrole ou au gaz. La bataille pour le contrôle du Big Data n'aura rien à envier à la série *Dallas*. Quelle démocratie sommes-nous en train de construire ? Une forme évoluée du système de représentation parlementaire qui ferait la part belle au dialogue direct avec les citoyens, ou une nouvelle forme de spectacle aux apparences démocratiques mais aux réalités oligarchiques ?

Aucun organe de régulation n'a démontré son efficacité, et certainement pas le CSA qui s'épuise à faire respecter des équilibres irréels comme celui du temps de parole dans les campagnes électorales et qui semble devant l'évolution de la société numérique comme une poule qui a trouvé un couteau. Veiller à ce que le président de la République sortant ne parle pas trente secondes de plus que MM. Poutou ou Cheminade sur les ondes est complètement lunaire, alors que dans le même temps aucune loi, aucune règle, aucune instance d'autorité ne sanctionnent les achats de faux « likes » ou de faux « amis » par dizaines de milliers. N'accablons pas le CSA qui est d'un autre temps, d'un temps où tout passait par la télévision dont les chaînes se comptaient encore sur les cinq doigts de la main. Il est né au début des années 1980, il a connu plusieurs moutures. Il faudrait soit redéfinir ses missions en profondeur, soit créer une nouvelle structure qui serait en prise avec le numérique où tout se joue désormais et qui serait chargée d'y faire respecter les principes essentiels du fonctionnement démocratique.

Beaucoup de choses, quoi qu'il en soit, sont encore à inventer. Le champ des possibles est immense. L'avenir sera passionnant.

Je sais bien que s'il est un domaine dans lequel il serait ridicule et vain de faire miroiter une quelconque planification de l'État, c'est celui-ci. Ce n'est pas sans rougir que je me remémore les réflexions qui avaient cours lorsque j'étais ministre des Télécommunications, concernant la question de savoir si l'on ne devrait pas mettre en place une demande d'autorisation préalable auprès du CSA justement, avant toute ouverture d'un site web... L'évolution très rapide des potentialités et des usages du net a balayé d'un revers de main une telle façon de voir, héritière d'une tradition bien française de prise en main étatique. Aucun État ne peut décider de freiner Internet, aucun État ne peut tracer d'autorité dans ses bureaux ce qu'il sera dans dix ans ou dans vingt ans.

Cela ne veut pas dire qu'il n'y ait pas d'enjeux politiques dans le numérique. Au contraire. J'en ai développé quelques-uns. Ils sont même encore plus nombreux, innombrables à vrai dire, car le numérique croise de manière transversale tous les secteurs de la vie individuelle et sociale. Il les change, il les accélère, il les améliore le plus souvent. En chacun d'eux, il apporte aussi de nouveaux risques à prévenir, de nouveaux maux à soigner, de nouvelles inéquités à redresser. L'économie, l'éducation, l'administration, la culture, la sécurité, le droit, la géopolitique, etc., tout a été transformé par cette nouveauté et va continuer de l'être. Internet est beaucoup plus qu'un nouvel objet ajouté dans le monde, comme l'était l'avion ou le téléphone, c'est en quelque sorte une mutation dans l'étoffe du monde, qui affecte l'intégralité des objets, des actions, des pensées. Il est encore utile pour la réflexion de le présenter comme un « secteur » – ou ici même comme un chapitre d'un livre – mais il se révélera toujours plus universel, toujours plus évident, comme le langage que nous parlons ou l'air que nous respirons, de telle sorte qu'un jour ou l'autre cela perdra probablement son sens.

Espérons que, ce jour-là, la France ne sera pas en queue de peloton du nouveau monde. Espérons que nous n'aurons pas gâché notre potentiel, qui peut faire de nous un pays pionnier, un leader mondial du numérique. Espérons que nous aurons su relever le défi de l'actuelle domination américaine. Espérons que nous n'aurons pas laissé passer devant nous tant de pays volontaires, pour qui cette révolution est un moyen de réduire leurs handicaps et même de sauter des étapes que les économies les plus anciennes ont mis des décennies à franchir. Pour ces pays, le progrès est une chance, une force, un élan qui électrise chaque instant. C'est ce qu'il devrait être pour nous aussi.

XXIV

À quoi ressemblerait un gouvernement moderne ?

Les Français ont rarement aimé leurs gouvernants. C'est en général une fois qu'ils ont quitté le pouvoir, et qu'un certain nombre d'années ont passé, qu'ils les trouvent – plus ou moins ! – formidables. De Gaulle parlait d'un peuple qui n'a de cesse de retirer le pouvoir des mains de ceux à qui il vient de le confier. De le leur retirer, ou bien – pourrait-on dire aussi – de leur rappeler à tout instant que c'est bien lui, le peuple, qui leur a confié ce pouvoir et qu'il n'est pas question que cela soit oublié ! Dès qu'ils pressentent un soupçon d'éloignement ou d'égoïsme, un soupçon de relâchement dans l'abnégation totale qui s'impose à ceux qui les gouvernent, les Français manifestent bruyamment leur mécontentement.

Ce qui est nouveau, c'est la crise de confiance permanente, c'est une forme de mépris qui caractérise le jugement d'une majorité grandissante de Français sur leur classe politique. J'ai longtemps refusé d'employer ce mot de « classe » à propos de ceux dont la mission est de représenter le peuple en son entier, qui sont souvent des hommes et des femmes comme les autres, venus d'horizons différents. Mais j'ai dû me rendre à l'évidence : pour les Français, il y a bien une classe politique à part, avec ses codes et ses privilèges.

Beaucoup de ces privilèges sont imaginaires. Ainsi en est-il de la fameuse retraite des ministres, qui n'a jamais existé. Tous les Français croient qu'il suffit d'avoir été au gouvernement quelques jours ou quelques semaines pour bénéficier d'une confortable pension jusqu'à la fin de ses jours. C'est un pur fantasme, et qui a la vie d'autant plus dure que jamais un journaliste ne décidera de consacrer un peu d'énergie et de temps à rétablir la vérité. Toute information qui ne contribue pas à étayer la thèse des privilèges exorbitants des politiques est systématiquement mise sous le tapis : ce ne serait probablement pas assez vendeur.

Quand on a décidé de remplacer les deux avions vieillissants et surtout dépassés du président de la République et du Premier ministre par un Airbus A330 – oui, un seul, acheté d'occasion ! –, les critiques se sont déchaînées. *Air Sarko One*, baptisé ainsi en référence au Boeing présidentiel américain, est devenu un sujet de railleries et d'indignation, notamment dans les rangs du Parti socialiste de François Hollande qui n'a pourtant pas l'air aujourd'hui de se plaindre de cette acquisition. On a raconté n'importe quoi sur l'aménagement de je ne sais quels robinets en or et jacuzzi à bord de l'appareil. Mais personne n'a vraiment dit aux Français qu'auparavant, avec les anciens A319 au rayon d'action limité, le président ou le Premier ministre de leur pays – qui est encore censé être l'une des grandes puissances mondiales – étaient obligés de faire une escale technique au fin fond de la Russie, à Novossibirsk, chaque fois qu'ils se rendaient en voyage officiel en Asie. Là, dans un petit hall d'accueil qui fleurait bon l'époque de Brejnev, des hôtesses en uniforme couleur muraille servaient aimablement un café à nos conseillers, en se consolant un peu de la chute de l'empire soviétique à la vision de ces pauvres Français dont le chef d'État n'avait pas les moyens d'effectuer un vol intercontinental… Non, personne n'a pris la peine de le dire, et pourtant beaucoup de journalistes couvraient ces voyages et ont bien connu les petits matins et les nuits quasi polaires de Novossibirsk. C'était plus porteur et plus amusant d'attiser le ressentiment contre les politiques. Sans oublier d'appeler par ailleurs à la plus grande fermeté envers l'épouvantable dictature russe. On n'était plus à une contradiction près. Quand on ne dit pas tout à ses lecteurs, il est facile de les berner au jeu de bonneteau idéologique.

Plusieurs journaux ont évidemment publié des papiers assassins comparant le luxe du train de vie de la présidence française avec la simplicité de la chancellerie allemande. Qu'Angela Merkel ait à sa disposition deux Airbus A340 bien plus coûteux que notre avion présidentiel n'a jamais été porté à la connaissance des lecteurs français. On a aussi dit qu'elle faisait ses courses toute seule, sous-entendu sans les hommes des services de sécurité pour la protéger. C'est évidemment faux, mais ça marche !

Il y a des différences dans le train de vie des gouvernements français et allemand, comme dans ceux de leurs Parlements, mais ce n'est pas ce qu'on raconte dans les gazettes pour attiser le ressentiment contre les politiques. Les ministres et les parlementaires allemands sont mieux rémunérés ; leur situation une fois qu'ils ont quitté les affaires publiques est mieux prise en compte. Les députés ont des conditions de travail meilleures, avec des bureaux pour accueillir leurs collaborateurs dont le nombre est bien plus grand que chez nous. Mais ils vivent plus simplement, sans le décorum d'une vieille République qui veut tellement ressembler à la royauté qu'elle a remplacée. Ils ont moins de moyens pour l'apparat, mais ils en ont plus pour le travail concret. Là est la vraie différence. Là est le questionnement que nous devons avoir sur nous-mêmes. Là est l'inspiration que nous pouvons chercher.

L'atmosphère de nos ministères, avec leurs huissiers, leurs gardes républicains, le luxe souvent bien décrépit des hôtels particuliers qui les abritent, donne le sentiment d'une forme de décadence. Je veux changer tout cela. Il y a beaucoup trop de ministères. Quinze serait le grand maximum. Dix, à vrai dire, suffiraient à assumer toutes les responsabilités de l'État. Et les autres ? Tous ceux qui sont pléthore dans les organigrammes dont nous sommes familiers ? Pour beaucoup, leur raison d'être est essentiellement, hélas, de faire plaisir à des personnalités politiques dont le soutien est nécessaire au président comme au gouvernement… Souvent, ils sont aussi la seule façon d'affirmer une priorité gouvernementale ou de satisfaire un groupe de pression qui estime qu'en l'absence d'un ministère spécifique il n'est pas assez considéré. Les associations familiales veulent un ministère de la Famille les handicapés un secrétariat d'État, et ainsi de suite. L'esprit de cette demande est honorable, mais en réalité c'est un bien mauvais calcul. Un secrétaire d'État à la Famille ou aux Handicapés n'aura que peu de moyens et d'influence pour défendre sa cause. Privé en général de services et de ressources, il n'aura de cesse de faire voter une « grande loi » pour justifier son existence, et de parcourir la province où les préfets continueront de lui faire croire qu'il est ministre en l'accueillant au garde-à-vous, en faisant sonner le clairon et tourner les gyrophares.

Quinze ministères, donc, dont je veux faire détailler dans une loi organique les compétences, pour décourager les changements intempestifs de périmètres qui désorganisent l'administration et génèrent des coûts inutiles. Ce n'est pas une question anecdotique. En 1993, j'ai été chargé par Édouard Balladur d'un nouveau ministère, celui de l'Enseignement supérieur et de la Recherche. À vrai dire, c'était d'abord Pierre-Gilles de Gennes, Prix Nobel de physique, qu'il avait voulu convaincre de prendre la tête de la Recherche ; mais celui-ci ayant décliné l'offre, il me revenait de constituer une nouvelle structure administrative pour piloter les universités et les organismes publics de recherche. Cela me prit du temps et mobilisa des moyens. Il fallut fusionner des directions administratives, déménager des fonctionnaires, en reconvertir d'autres Au bout de deux ans, cette greffe étant achevée, un nouveau gouvernement décida de revenir à l'organisation précédente, avec un seul ministère de l'Éducation nationale qui était aussi celui de l'Enseignement supérieur et de la Recherche... Tout était à refaire. Le temps que j'avais passé à échafauder cette construction qui avait été soufflée en un instant comme un château de cartes aurait certainement pu être mieux employé. Depuis 1974, le ministère en charge de la recherche a changé seize fois de structures, un jour ministère plein, le lendemain rattaché à l'Éducation nationale, le surlendemain à l'Industrie. Pendant la même période, les États-Unis ou le Japon – deux pays où la recherche est considérée comme un facteur de puissance qui est pris très au sérieux – ont conservé strictement la même organisation.

La question des lieux du pouvoir n'est pas anodine. La chancellerie allemande à Berlin regroupe tous les services d'Angela Merkel dans un bâtiment fonctionnel. C'est un atout considérable. L'hôtel Matignon est superbe, mais on ne peut y loger qu'une toute petite partie des équipes du Premier ministre. Les autres sont dispersées dans des bâtiments souvent vétustes et disséminés dans Paris. Dans les autres ministères, à chaque formation d'un gouvernement, puis à chaque remaniement, la course aux locaux fait rage. Chacun veut le plus bel hôtel particulier, et le plus près de l'Élysée et de Matignon. Les ministres affectés à Bercy se battent pour conserver un pied-à-terre dans le VIIe arrondissement. Le secrétaire général du gouvernement s'arrache les cheveux pour satisfaire les revendications – pas toujours exprimées humblement – des nouveaux titulaires de tel ou tel portefeuille. Tout ceci est déplorable et donne lieu parfois à des dérapages et à des scandales. La solution consisterait à regrouper les services dans trois ou quatre pôles modernes, à une distance raisonnable du Parlement où les ministres doivent se rendre à chaque instant. Est-ce utopique ? Est-ce superflu ? Je crois que la question mérite d'être sérieusement posée, car tout ce qui peut changer en mieux l'image dégradée de la politique, tout ce qui peut la rendre plus efficace, plus moderne, plus rationnelle, tout ce qui peut la débarrasser de ses oripeaux, mérite d'être mis à l'étude sans délai.

Les huissiers, les gardes, les maîtres d'hôtel, les cortèges automobiles inutiles doivent être radicalement simplifiés. Seul ce qui est nécessaire pour la sécurité de l'État doit être conservé. Il est justifié que le président, le Premier ministre et les ministres régaliens fassent l'objet d'une protection qui ne peut qu'être totale sous peine de ne servir à rien. On ne protège pas quelqu'un pendant les heures de travail pour laisser les terroristes libres de porter un coup décisif à l'État le reste du temps. Car c'est de cela qu'il s'agit, de l'État et non du confort de ses dirigeants. On m'a reproché d'utiliser un avion gouvernemental pour me rendre une fois par mois dans la Sarthe en fin de semaine. J'aurais dû prendre le train ! Je l'ai fait au début de mon mandat. Les exigences de sécurité pesaient lourdement sur les voyageurs. Fouille préalable du train. Isolation d'un wagon pour les services de sécurité, les transmissions et le médecin. Suspicion démultipliée autour du moindre bagage mal étiqueté. Perplexité un peu partout sur les quais. Au total, le coût était plus élevé que celui de l'avion et la gêne pour les usagers – légitimement déconcertés – pouvait faire naître des incompréhensions, voire des incidents. Enfin, la nécessité de pouvoir me rendre à tout moment là où la présence du Premier ministre aurait été nécessaire conduisait à positionner sur le terrain le plus proche de ma résidence l'avion que je n'avais pas emprunté... Quel média prendra la peine d'analyser objectivement ces sujets ?

Le gouvernement moderne, c'est aussi le Parlement moderne. Je me suis engagé à réduire le nombre de parlementaires. Ce n'est pas pour sacrifier à un antiparlementarisme primaire qui a malheureusement toujours fait partie du débat politique français. Si je veux moins de députés et de sénateurs, c'est pour qu'ils aient des collaborateurs, des bureaux et des moyens pour accomplir leurs missions de législateurs et de contrôle de l'action du gouvernement. C'est aussi pour qu'ils soient mieux respectés sur le territoire. Il ne sert à rien d'accroître les pouvoirs du Parlement, comme nous l'avons fait lors de la révision constitutionnelle de 2008, si le fonctionnement même des assemblées ne change pas. Il ne changera pas avec près de six cents députés qui s'entassent dans un hémicycle qui ressemble plus à une arène qu'à un lieu de débat, en ne disposant que d'un cagibi pour travailler, recevoir leurs visiteurs, installer leurs collaborateurs et même pour se loger, comme c'est souvent le cas !

Ces questions sont beaucoup plus importantes qu'elles n'en ont l'air. Elles conditionnent la qualité du travail parlementaire qui est trop souvent sous-traité aux administrations ou aux groupes de pression. Le cumul des mandats a été jadis le moyen pour les parlementaires de la Ve République de gagner une indépendance réelle dont la Constitution et le fonctionnement des assemblées les avaient privés. Si l'on veut sérieusement mettre fin à ce cumul, il faut y mettre les moyens et affronter la réalité. Les parlementaires français ne sont que l'ombre de leurs collègues allemands, britanniques ou américains. Derrière l'orgueilleuse façade du Palais-Bourbon se cache une forme de sous-développement démocratique qui n'est pas digne de la République française.

Le gouvernement moderne passe aussi par une plus grande simplicité, une plus grande proximité entre l'administration et les citoyens. Il va de pair avec un État moderne. L'État a créé ou a laissé se créer trop de privilèges – ou de situations perçues comme des privilèges – au sein de son organisation. La crise de confiance générale est alimentée par le sentiment qu'il s'est coupé de la société dans son ensemble et qu'il vit dans une sorte d'extraterritorialité. Je crois par exemple qu'il faut revoir les statuts des différentes fonctions publiques. C'est un vrai sujet d'incompréhension entre les Français. Pourquoi le service de l'État ou des collectivités locales exige-t-il la garantie de l'emploi à vie ? Ce qui valait, à l'origine, pour assurer l'indépendance des forces de l'ordre, des magistrats, des percepteurs, des douaniers et des militaires, s'est étendu à tous les métiers d'une fonction publique qui n'a cessé d'étendre le champ de ses compétences.

Je veux engager un mouvement général pour réduire progressivement les postes statutaires qui ne sont pas nécessaires au fonctionnement de l'État. À cet égard, il est surprenant – mais très instructif – que l'une des administrations qui a le plus recours aux contrats à durée déterminée soit celle de la Défense nationale. S'il y a bien un cas dans lequel l'existence d'un statut à part apparaîtrait justifiée au premier abord, c'est bien celui-là. Pourtant, notre armée reste l'un des secteurs étatiques les plus attirants et de tous il est peut-être celui dont l'efficacité souffre le moins de contestation – malgré les moyens qu'on lui ôte, pour les reverser à d'autres secteurs qui sont des puits sans fond budgétaires et des usines à gaz ! Les jeunes soldats qui risquent leur vie au Mali ou en Centrafrique sont des contractuels sans aucune sécurité de l'emploi, quand ceux qui assurent avec des résultats pour le moins contrastés l'orientation des élèves au collège et au lycée doivent impérativement bénéficier de toutes les garanties du statut de la fonction publique. Du point de vue de la morale comme de l'organisation pratique, cette comparaison devrait nous édifier.

L'un des principaux obstacles à la privatisation de France Télécom dont je me suis occupé il y a vingt ans était bien entendu le statut de fonctionnaire de ses personnels. Nous avons fait le choix de le maintenir pour ceux qui en bénéficiaient et de ne recruter que des salariés de droit privé pour l'avenir. Qui contesterait encore aujourd'hui le bien-fondé de cette décision ? Je propose que l'on agisse de manière analogue pour éteindre progressivement cette différence qui n'est pas justifiée pour tous les emplois qui ne concernent pas les fonctions régaliennes de l'État.

Ce raisonnement vaut aussi pour le choix des dirigeants des grandes entreprises publiques ou de celles dans lesquelles l'État détient une part significative du pouvoir de nomination. Seules leurs compétences devraient guider le choix des conseils d'administration, pas leur rang de sortie de l'École polytechnique ou de l'ENA et encore moins leur passage dans un cabinet ministériel. J'ai toujours défendu l'idée que les moindres performances de l'industrie automobile française par rapport à celle d'outre-Rhin trouvaient en partie leur cause dans le recrutement de leurs dirigeants. Pendant des décennies, la présidence de Renault et de PSA a été dévolue à des hauts fonctionnaires remarquables qui avaient exercé les plus hautes missions à l'Élysée ou à Matignon. Leur gestion a été exemplaire, rationnelle, prudente, efficace. Il leur manquait juste la passion de l'automobile. Leurs homologues allemands ont tous fait leur carrière dans cette industrie. Ils ont conçu des voitures et ils en ont vendu, avant de décider des stratégies de leur entreprise. Jeune parlementaire, je fus un jour convié à déjeuner par le président d'un des constructeurs automobiles français. Comme je l'interrogeais sur ses projets de construction de 4x4, il me répondit avec un brin de suffisance qu'il n'existait aucun marché en France pour ce type de véhicules. Quelques années plus tard, je rendis visite à un autre président, en compagnie d'Henri Pescarolo, pour le convaincre de construire un prototype à moteur diesel pour courir les 24 Heures du Mans. Il m'opposa une impossibilité technique absolue pour relever ce défi. Deux ans plus tard, une grande marque allemande débarquait au Mans avec un moteur diesel et gagnait la course. Peugeot combla vite son retard et triompha dans la Sarthe avec la 908, que j'eus le privilège de piloter en 2008 sur le circuit Bugatti. Mais dans les deux cas, il manquait à ces dirigeants un brin de passion pour les produits qu'ils fabriquaient. Les psychodrames à répétition autour du choix des dirigeants d'EDF ou d'Areva témoignent aussi d'un amateurisme de l'État dans la gestion des ressources humaines. Ces erreurs doivent cesser, ces pratiques doivent être bannies. Les dirigeants de nos entreprises doivent être soigneusement sélectionnés par des comités indépendants dans lesquels l'État doit jouer son rôle d'actionnaire, et seulement son rôle d'actionnaire.

XXV

Les trois mois qui changeront la France

Si je suis élu en mai 2017, j'agirai immédiatement, en suivant un calendrier et une méthode que je suis déjà en train de tracer. Je le fais en m'appuyant sur mon expérience gouvernementale qui m'a donné l'occasion de mesurer les pièges dans lesquels risque de s'enliser une équipe peu expérimentée – comme celle qui s'est installée en 2012 – et de réfléchir à une manière de procéder qui soit aussi efficace que possible. Il faudra aller vite. Je me serai engagé sur un programme de relance radicale dont les mesures emblématiques ne pourront évidemment pas rester en suspens dans les nuées. Si l'on veut redonner confiance aux Français qui ont fini par croire que leurs représentants sont incapables de tenir leurs promesses et que la politique n'est qu'empêchements, ajournements, reniements, il faut leur montrer que dans un laps de temps très court il est possible de prendre une batterie de décisions importantes dont les premiers effets apparaîtront aussitôt. Au reste, nous n'aurons plus le temps d'attendre : notre économie aura besoin d'être remise sur les rails au plus vite.

D'un point de vue pratique, il est évident qu'il faut utiliser à plein l'effet de souffle qui suit les élections. Nous ne nous reposerons pas sur nos lauriers. La nouvelle majorité ne prendra pas de vacances. Le calendrier qui fait suivre les élections par les longs mois d'été est propice à une période de latence que nous, nous refuserons, en restant sur le pont exactement comme si ces élections avaient eu lieu au mois de novembre ou de février. Un quinquennat passe vite ; il est absurde d'en dilapider les six premiers mois. J'ai trop souvent observé comment le temps file entre les doigts des nouveaux élus dans ces moments suspendus entre l'ivresse et la surprise, comment la faculté d'initiative fond à vue d'œil sous le soleil post-électoral, comment l'on passe insensiblement de l'euphorie du joli mois de mai où tout semble possible à la grisaille de l'automne où tout semble à nouveau difficile.

En 2007, nous avions réduit ce temps mort estival en faisant travailler les Assemblées et les ministères jusqu'au 15 août et en ne leur accordant ensuite qu'un mois de relâche. En 2017, l'urgence commandera de renoncer totalement à une telle pause. François Hollande, qui s'est rêvé en temporisateur à la Mitterrand, a perdu son crédit à une vitesse inouïe en laissant notre économie s'enliser dramatiquement, tandis qu'il concentrait sa communication – pendant une année entière ! – sur le mariage pour tous qui a hérissé le pays et sur une réforme des rythmes scolaires qui n'était pas précisément – c'est le moins que l'on puisse dire – à la hauteur des défis que la France devait et doit toujours relever. Cette manière de détourner l'attention vers des enjeux secondaires en faisant jouer les grandes orgues n'a trompé personne et s'est soldée par un échec sur tous les plans, celui de la méthode, celui de la stratégie, celui des idées et celui de l'histoire.

La rapidité doit naturellement reposer sur l'anticipation. Nous serons prêts. Nous serons prêts, parce que nous n'aurons pas visé la victoire pour la victoire, en racontant n'importe quoi sur les estrades avant d'être pris au dépourvu en face de la réalité. Je formerai un gouvernement peu étendu dont le noyau sera composé d'une dizaine de ministres en charge des portefeuilles essentiels. Ces ministres, pour la plupart, sauront à l'avance la mission qui leur sera confiée. Ils auront déjà commencé à préparer leurs textes avant la présidentielle. Ils les finaliseront, tout en engageant les discussions nécessaires, durant le mois qui s'écoulera avant l'élection d'une nouvelle majorité législative. Dès l'installation de cette majorité à la mi-juin s'engagera une période d'environ trois mois d'activité intense où tous les leviers mis à la disposition du pouvoir par la Constitution seront employés : la loi, les ordonnances, le référendum.

Il ne s'agit pas de mettre en œuvre dans ce bref délai l'intégralité du programme que j'aurai présenté aux Français. Je choisis les mesures les plus urgentes. J'établis une hiérarchie des priorités. Des sujets tout aussi importants, mais qui réclament un traitement moins urgent, seront abordés en temps et en heure. Il faut faire vite les choses que l'on peut faire vite, il faut prendre le temps de faire les choses qui doivent prendre du temps. Les « questions sociétales » que la gauche a agitées comme un chiffon rouge feront en particulier l'objet d'une réflexion patiente et apaisée.

Une dizaine de mesures seront donc prises entre juin et septembre La durée légale du temps de travail sera abrogée dans le secteur privé, les négociations sur ce point devenant obligatoires au sein des entreprises ; elle sera ramenée à trente-neuf heures dans la fonction publique. L'âge de la retraite sera porté à soixante-cinq ans. Le code du travail sera réécrit pour être simplifié. Les seuils sociaux seront relevés. L'apprentissage sera étendu et valorisé. La fiscalité sera réformée avec l'objectif de favoriser l'investissement. La prestation sociale unique individualisée sera instaurée.

Je pourrais ajouter encore : la réunification des régimes de retraite des secteurs publics et privés, la dégressivité de l'assurance chômage et l'obligation d'offrir une formation professionnelle aux demandeurs d'emploi, par exemple. J'ai hésité à les inscrire au programme de ces trois mois. Mais pour que la première série de réformes aboutisse, il ne faut pas surcharger l'agenda. D'autres étapes suivront et elles se présenteront assez tôt. Qui trop embrasse mal étreint : j'ai souvent vu comment de grandes ambitions simultanées s'annihilaient mutuellement pour ne donner que des résultats minces. Je veux procéder par ordre et avec mesure pour tenir pas à pas ce que j'aurai promis.

Ce ne sera pas tout. Mi-septembre, je consulterai les Français par référendum sur deux volets qu'ils sont seuls à pouvoir trancher légitimement – et je dirais même, on comprendra pourquoi, techniquement.

Le premier volet est l'immigration. Je veux une politique d'immigration par quotas – quotas relatifs au nombre, aux qualifications, aux régions d'origine – qui soit votée chaque année par le Parlement, comme c'est le cas d'autres grandes démocraties. Nous ne pourrons la mettre en place qu'en procédant à une révision de notre Constitution – plus précisément du préambule de 1946. Une révision de la Constitution est présentée soit devant le Parlement réuni en Congrès, qui doit l'adopter à la majorité des trois cinquièmes, soit devant le peuple, qui l'adopte ou la rejette par référendum. Il est probable que la gauche mobilise toutes ses forces contre cette révision en hystérisant les débats, de sorte que la majorité des trois cinquièmes ne puisse être obtenue au Congrès. C'est pourquoi j'en appellerai directement au peuple, comme l'avait fait par deux fois le général de Gaulle, en 1962 où l'élection du président de la République avait été approuvée, et en 1969 où, comme on le sait, son projet de loi sur la réforme du Sénat et la régionalisation avait été rejeté. Sur ce sujet qui cristallise les inquiétudes et les interrogations de notre société depuis des décennies, il me paraît totalement légitime de consulter les Français directement et aussi rapidement que possible.

Le second volet concerne notre organisation politique. Nous avons aujourd'hui quatre niveaux de représentation territoriale : les régions, les départements, les communautés de communes, les communes. C'est trop. C'est trop et cela fait trop longtemps que tout le monde ou presque le pense mais tergiverse devant la nécessité d'une réforme qui remette un peu de bon sens et de rationalité cartésienne dans cette organisation. C'est une question d'efficacité et de coût. Je veux que nous passions de quatre à deux échelons de responsabilités. Je proposerai donc aux Français une fusion des départements dans les régions et une accélération des fusions de communes dans les communautés de taille raisonnable.

Cela impliquera de revenir à des régions semblables à celles que nous connaissions avant la réforme Hollande, et de dessouder les agglutinations de super-régions auxquelles on s'est livré dans cette réforme que je n'aurai aucun scrupule à défaire. Je n'aurai aucun scrupule à la défaire, parce qu'elle a débouché sur un résultat déséquilibré, disharmonieux, parce qu'elle a été composée de bric et de broc, à la hâte, sans vision, et parce qu'elle est l'exemple type de la vraie fausse réforme qui modifie des apparences pour mieux s'épargner de changer les choses en profondeur.

Je proposerai en même temps aux Français une réduction du nombre de leurs parlementaires. Le nombre des députés serait réduit de cinq cent soixante-dix-sept à environ quatre cents et celui des sénateurs de trois cent quarante-trois à environ deux cents. Je veux des parlementaires moins nombreux, mais qui auront individuellement plus de responsabilités et de meilleures conditions de travail pour les exercer ; qui seront mieux respectés de leurs mandants et plus écoutés de leurs interlocuteurs.

Pour faire adopter cette réforme des structures représentatives – territoriales et parlementaires –, le référendum me paraît là encore la voie la plus juste et la plus efficace. C'est une question de principe ; c'est aussi, avouons-le, une question de réalisme. Les parlementaires ne voteront pas en masse la réduction de leur propre nombre, ni du nombre des élus territoriaux qu'ils connaissent bien. C'est humain et je ne leur fais pas ce procès. Quand il faut statuer sur le destin des élus, ce n'est pas aux élus eux-mêmes de le faire, c'est au peuple qui est la source de toute légitimité politique. Les Français ont le sentiment que le monde politique s'est séparé d'eux et qu'ils ont été dépossédés de cette légitimité fondamentale. Il importe de leur montrer que ce sont bien eux qui ont en définitive la main sur le système.

À la fin du mois de septembre 2017, nous aurons commencé à relancer notre économie, à faire de l'immigration un objet de raison et non plus de passion, à renouer un lien de confiance entre les citoyens et la politique. Nous aurons gravi une marche haute en peu de temps et nous pourrons vraiment croire à nouveau en nous-mêmes. Ce choc psychologique décuplera encore nos forces. Le chemin des cimes se rouvrira devant nous.

La France n'a jamais su se cantonner dans un destin ordinaire. Quand elle quitte les premiers rangs, elle sombre dans le marasme, elle perd confiance en elle, elle déprime. Son intelligence devient doute et scepticisme, sa fougue devient désespoir ou ressentiment.

Nous sommes les héritiers d'une histoire immense qui nous appelle à regarder vers le haut en rassemblant nos forces. Nous en avons le droit et le devoir ! Durant des siècles, nos ancêtres ont travaillé dur pour faire de la France un grand pays, un pays de progrès, un pays de civilisation. Chacun de nos territoires a vu naître des bâtisseurs, des créateurs, des penseurs et des héros. Des hommes et des femmes qui se sont montrés dignes des grandeurs humaines, qui ont fait de la France un visage, un roman, un idéal, une lumière qui attire les regards du monde.

Nous vivons des temps difficiles. Nous ne les surmonterons qu'en gardant intacte notre ambition de hisser la France vers le meilleur d'elle-même. Les obstacles sont nombreux, mais quelle période de l'histoire a été facile ? Les plus grands succès sont toujours des victoires contre l'adversité et quelquefois sur soi-même. Notre pays a toutes les qualités pour se reprendre et pour surprendre le monde. La mondialisation nous bouscule, l'Europe nous paraît lointaine. Montrons de quoi nous sommes capables ; devenons la première puissance européenne pour influencer l'Europe, pour la changer et ne plus avoir le sentiment de la subir. Je veux que la France soit forte, prospère, indépendante. Et pour cela, j'utilise les moyens du bord. De l'argent public, nous n'en avons plus, des impôts nous n'en n'avons que trop. Que reste-t-il ? La liberté ! Oui, la France a besoin de liberté pour que chacun puisse aller au bout de ses mérites, de ses talents, de son courage.

Ceux qui ont vingt ans s'entendent dire qu'ils sont une génération perdue, car le sens de l'histoire n'est plus écrit. Fini le temps des maîtres à penser, des idéologies, des situations acquises. C'est vrai, mais je crois que c'est aussi une chance ! Avoir vingt ans aujourd'hui, ce n'est plus courir derrière l'illusion des lendemains qui chantent, et ce n'est pas exiger de la société plus qu'elle ne peut vous apporter. C'est s'interroger sur le sens que l'on veut donner à la France, à l'Europe, à sa propre vie. C'est défricher les grandes questions du XXIe siècle et inventer de nouvelles réponses. C'est exceller, c'est transformer ses passions en actions. Le bonheur est une conquête. L'avenir est une aventure. Ouvrons les portes de la liberté, et le souffle du progrès nous portera.

Table

DU MÊME AUTEUR

AUX ÉDITIONS ALBIN MICHEL

La France peut supporter la vérité
2006

Composition Nord Compo
Impression CPI Bussière en décembre 2016
Éditions Albin Michel
22, rue Huyghens, 75014 Paris
www.albin-michel.fr
ISBN : 978-2-226-31899-2
N° d'édition : 20872/14 – N° d'impression : 2027181
Dépôt légal : septembre 2015
Imprimé en France